战略合作伙伴：中国证期操盘手协会 CHINA SECURITIES & FUTURES TRADER ASSOCIATION

稳定获利②

中国证期操盘手协会执行会长 王 刚◎主编

私募基金经理的交易策略与技巧

中国经济出版社
CHINA ECONOMIC PUBLISHING HOUSE
·北 京·

图书在版编目（CIP）数据

稳定获利．2，私募基金经理的交易策略与技巧／王刚主编．
北京：中国经济出版社，2017.6
ISBN 978－7－5136－4703－8
Ⅰ.①稳… Ⅱ.①王… Ⅲ.①投资基金－基本知识 Ⅳ.①F830.9
中国版本图书馆 CIP 数据核字（2017）第 101393 号

责任编辑　王　建
责任印制　巢新强
封面设计　华子图文

出版发行　中国经济出版社
印 刷 者　北京力信诚印刷有限公司
经 销 者　各地新华书店
开　　本　710mm×1000mm　1/16
印　　张　9.25
字　　数　103 千字
版　　次　2017 年 6 月第 1 版
印　　次　2017 年 6 月第 1 次
定　　价　48.00 元
广告经营许可证　京西工商广字第 8179 号

中国经济出版社 **网址** www.economyph.com **社址** 北京市西城区百万庄北街 3 号 **邮编** 100037

本版图书如存在印装质量问题，请与本社发行中心联系调换（联系电话：010－68330607）

大会组委会人员名单（从左到右依次为）

后排：

王承斌　　任佳威　　黄武聪　　郭　昊　　王会仕　　王风彪

赵治帮　　周祥云

前排：

王丛雪　　杨璧嫚　　赵丽文　　周钰佳　　王　刚　　吕　可

孙晓萌　　朱奕璇　　张　超　　张亚楠

王 兵

固利资产管理（上海）有限公司总经理。2008 年进入投资市场。擅长产业链和宏观经济分析。目前，主要负责宏观产业研究、程序化交易策略制定、公司运营管理及整体交易风控管理方面的工作。

固利资产管理（上海）有限公司的核心业务主要为期货、证券投资专项基金投资管理和财富管理。目前，管理资金规模超过 6 亿元。公司拥有稳健的基金管理框架、专业全面的评估体系，以及具备 10 多年投资管理经验的核心团队。公司倡导理性投资，严格把控风险，追求复利增长。产品“固利资产趋势为王”和“固利程序化策略”都表现不凡。

言程序

言起投资管理咨询有限公司总经理，现为全球交易私募基金经理、期货日报专栏作家、央视 CCTV 期货时间大赛策略提供者、第七届全国期货实盘赛基金经理大赛评审。2013 年和 2014 年中国期货德州扑克邀请赛第一名。

言起投资管理咨询有限公司由言程序交易团队组成，团队投资全球金融市场逾 10 年，2010 年进入国内市场建构量化交易渠道，成员横跨经济、统计、IT 及财务领域，进行程序化日内、隔夜、价差、期限套利、a 策略、价值型投资。

赵九军

深圳前海云水梅花资本管理有限公司董事长，12 年期货研究和投资经验，其稳健的性格决定了稳健的操盘风格。1997 年毕业于吉林大学（硕士），2005 年进入股市赚到第一桶金，2008 年进入期货市场，在 2008 年的金融危机中，通过做空商品使资金规模迅速扩大。目前，操盘手法以团队操作、多品种对冲、小仓位组合等方式为主。2008 年“大通期货实盘赛”获得第七名，“2011 领航中国期货大赛”获得标准组第八名。

深圳前海云水梅花资本管理有限公司是一家从事商品对冲投资和量化交易的资产管理公司，2011—2015 年业绩骄人。管理的产品在 2015 年表现突出，如“大庆鼎诺一号”“大庆鼎诺一德一号”。

青　泽

青泽投资有限公司董事长，哲学硕士，中国式“股市作手回忆录”——《十年一梦》的作者。1993 年涉足股票市场，1994 年进入期货市场，国内期货实战派代表之一，有丰富的交易经验和独特的哲学见解。多年在北京大学、清华大学、浙江大学、北京工商大学、中国农业大学等高校教授期货投资课程，为中国期货市场培养了许多实战人才。

青泽投资有限公司由青泽先生发起并担任董事长，是一家由多位知名期货管理专家加盟，具有强大实力的资产管理机构。公司主要从事期货资产管理、证券资产管理及其他金融类资产配置管理、行业专业投资咨询等业务。

王　刚

申万宏源·宏源期货机构部总经理，首席策略分析师，中国证期操盘手协会执行会长。20 年致力于操盘技巧研究，与近百家私募投资经理有密切的联系，对机构操盘手法非常熟悉，对投资者由散户化思维向职业化交易转变有深刻的认识。操盘思路深受世界交易大师斯坦利·克罗的影响，紧跟趋势，力求简单。独创“三二一操盘系统”“神奇数字做单法”等多套交易策略，其中“三步判断顶和底”网络下载量超过 20 万次，为国人树立正确的投资理念做出了积极贡献。

序

于无声处听惊雷

2016年6月18日，“中国第二届期货操盘手大会”顺利召开，从与会嘉宾的名单中，可以发现个人操盘手的数量在减少，而私募基金经理的数量在增加。这也从侧面反映了中国私募基金业蓬勃发展的现状。显然，与第一届大会相比，第二届大会的召开背景已经悄然发生了变化——从“单兵作战”开始走向“集团军作战”。旧时代已悄然远去，新时代正在来临。面对期货市场的新变化，对于个人投资者而言，确需明白适者生存的道理。

从嘉宾演讲的内容来看：第一届大会强调技术面技巧的居多；而第二届大会出现了新变化——强调技术面和基本面要结合的声音多了起来。之所以出现这种情况，或许是操盘手从个人成长为私募基金经理后不得不考虑的问题，因为操作的资金多了，快进快出就不太方便，私募基金经理就不得不考虑持仓的期限问题。当然，技术面和基本面如何有效结合，是一个见仁见智的问题，不同的私募基金经理会对两者赋予不同的权重，但无论结果怎样，两者的结合才会让自己的仓位处于一个低风险的环境中。

在本届大会上，私募基金经理们向我们道出了许多不为人所知的辛苦，让我们明白，成功从来都不会是唾手可得，没有人能确定自己的下一笔交易一定能获利，每当建好了计划中的仓位，心态也总是“战战兢兢，如履薄冰”。对普通投资者而言，私募基金经理们的失败可以让我们警醒，成功可以让我们借鉴。比如2016年黑色类大宗商品的大涨行情，造就了许多新富翁，对于错失了这波行情的投资者来说，需要总结教训——这次自己为什么没有抓住，是基本面分析没有过关，技术面分析没有过关，还是胆小、优柔寡断所导致的。总之，要弄清楚是个人能力方面的问题，还是性格方面的原因。如果是能力方面的问题，就需要多向高手请教，或者多读这方面的书籍；如果是性格方面的原因，就需要用小仓位多从实战中磨炼自己。从失败到成功，从细小的技巧到渐成体系，私募基金经理们也是这样一步步走过来的。

无论怎样懊恼，错失的行情已经不会再回来，关键是下一次大行情来临时，要怎样去抓住它。为此，秉承大会向普通投资者普及投资理念的精神，王刚先生特地推出了《稳定获利2——私募基金经理的交易策略与技巧》一书。在书中，多位私募基金经理谈到了自己参与黑色类大宗商品的经历，既有前期的分析研究，又有后期的拐点判断，对目前参与大行情没有把握的投资者来说，提供了一个很好的研究对象，如果能认真揣摩，相信会对投资者提升自己的交易水平有很大帮助。

上海鸿凯投资有限公司董事长
香然会金融俱乐部董事长
林　军
2017年5月25日

目录

第一章

如何通过基本面结合技术面进行期货交易

王 兵

根据基本面来制定策略的大方向，当技术面也发出进场的信号时，我们才会入场

我的期货之路

核心观点

基本面和技术面结合起来指导自己的操作

我的期货之路始于经营实业，主营矿石产品、锰矿进口，目前是国外多家跨国矿产企业产品的中国市场独家代理商。自2002年开始做矿产类货物的进口贸易，在市场中我逐渐发现，即使我和我的团队能预判风险，但市场上却没有合适的工具能把现货市场中存在的风险对冲掉。随着对期货市场了解的深入，我和我的团队逐渐认识到期货是现货市场非常好的避险工具。自2008年以自由投资人的身份进入期货市场后，我逐步构建了自己的投资体系，发现自己比较擅长基本面、产业链和宏观经济等方面的分析。

自2008年开始做期货套保业务后，我的公司确实获得了一些收益；但在2009年时，却在期货市场上遭受了巨大的损失。作为现货商，作为对这个产业各方面信息都比较了解的一方，公司却在期货市场上遭受了损失，这引起了我的反思。进行总结后我发现亏损的原因有以下两点：第一，期货市场采用的是交保证金的杠杆交易制度；第二，期货市场的走势和现货市场的走势是会发生背离的，在这种情况下，不能完全根据现货市场的信息来指导期货市场的操作，很多时候需要顺应期货市场的实际走势而为。对亏损的认识和剖析也奠定了我和我的团队日后的交易风格，即把基本面和技术面结合起来指导自己的操作。在这种前提下，我们根据基本面来制定策略的大方向，当技术面也发出进场的信号时，我们才会入场。在这种操作模式的指导下，我们的盈利率也逐步提高，目前已能达到60%以上。

期货市场的本质

核心观点

期货市场是一个资金博弈的“战场”

我对期货市场本质的理解是：这是一个资金运转博弈的“战场”。围绕资金操作诞生了很多对期货市场走势的研判规则，投资者总是试图通过某个规律寻找市场运转的法则。我们知道，期货市场发展的初衷是为了给现货市场规避风险提供工具。但在目前的期货市场中，实体产业在期货市场的参与度并不是很高，如果实体产业的参与度越来越高，产业资本将会有越来越多的话语权。在期货市场上，产业资本有自身优势：首先，能进入交割月份；其次，能开展期货品种的交割业务。这些方面都是市场上的投机资金无法参与的。有了现货的支撑，实体产业可以在实际交易中运用更多的方式去应对市场价格的波动。

接下来谈谈期货的商品属性和金融属性。首先，实物交割制度确保了期货具有商品属性，而且随着交割期的临近，期货与现货的价格将趋向一致；其次，虚拟经济的特点注定了期货具有金融属性，期货交易可以看作虚拟的现货交易。作为金融市场的一部分，期货市场受多种因素影响，各上市品种的价格变动非常剧烈，由于价格直接由盘面多空的实力决定，期货的短期走势同现货未必是同步的。

根据我的经验，在研究现货价格时，有两个因素值得投资者关注。

第一个因素，行业自身的供求变化。从普遍意义上讲，在现货市场上：当供大于求时，商品的价格会下降；当供小于求时，商品的价格会上涨。期货市场上商品价格的波动却与预期有关：当我们对某商品价格的预期变好时，该商品的价格一般会上涨；当我们对某商品价格的预期变坏时，该商品的价格一般会下跌。万变不离其宗，决定任何企业或者投机者行为的基本因素是成本和利润，影响价格的核心因素是交易者的心态。

第二个因素，国际、国内的宏观经济形势变化。有四方面因素值得投资者考虑：首先，经济周期（复苏→繁荣→衰退→萧条的循环）；其次，经济结构（投资、消费、进出口）；再次，通货膨胀（热胀、冷缩、滞胀）；最后，相关产品乃至整个商品体系的价差关系。

对于参与期货交易的投资者来说，需要研究的因素就比较多了：现货行业动态和现货价格走势，国际金融市场中美元、原油、黄金、大宗商品的走势，国内股票市场走势和期货市场其他品种的走势，多空主力资金的流入和流出，实盘和虚盘的力量对比，成交量、持仓量、期货价格的变化规律。只有对上述因素多加研究，并得出自己的观点，投资者才有可能在期货市场中做到稳定获利。

期货交易策略与交易系统

核心观点

交易策略

交易系统

交易策略

阅读提示

以趋势跟踪为主，做好两个“结合”

在期货市场上进行交易，交易逻辑和交易体系是核心。我的交易策略不复杂，以趋势跟踪为主，做好两个“结合”：基本面分析与技术面分析相结合，客观和主观相结合。在我的交易体系中，基本面分析所占比重为40%，剩下的60%还要去看市场的实际表现，这也是为什么我要强调基本面和技术面相结合。在之前的交易中，由于我和我的团队有过较为严重亏损的经历，所以对于每次交易我们都非常慎重。从技术面来讲，我没有什么秘诀，所采用的方法也很简单。为了避免遇到假突破，我选择的建仓点往往是在行情启动后，而不是在底部或者顶部（放空时）建仓。我认为，当选中期货品种的上涨或下跌势头已经起来的时候再进场，此时的交易是最安全的。所以，我愿意舍弃一波行情的“头”和“尾”，只做中段交易，因为我和我的团队需要的是安全和稳定。其实，这也是一种“不贪”的心态。

我的交易策略有两种：

第一种，做单边趋势的波段交易。以基本面分析和趋势追踪为主，大周期放在月线、周线和日线级别上。

第二种，建立宏观对冲的投资组合。就是以多品种交易为主，在实际操作过程中侧重于结构化交易。具体做法为同时操作4~6个品种，选择市场上最强的品种做多，最弱的品种做空，不留风险敞口。虽然品种之间的相关性不是很高，但是因为没有单品种的敞口，只需要把控好每一个品种的拐点即可。这种方法的操作周期都是3~5天，收益相对较高，但承担的风险较单方向投机交易要小得多，因为这种方法对资金的回撤会控制得较好，同时由于资金分散在多个品种上，我和我的团队控制的资金的进出对市场的冲击程度变小，也降低了我们对每一个品种都需要盈利的依赖程度。所以，我们依靠多品种及高胜率从市场上获取超额收益。

我的交易理念也都是最基本的一些东西，即看清市况、顺势而为！对于我而言，交易中最重要的不是去预测市场的走向和起伏，而是跟着趋势走，直到这一趋势结束。当然，在市场中不会每次都能盈利，肯定会遇到亏损的时候，那么在资金遭受亏损时，应该怎样做呢？我和我的团队的做法就是：重视止损，必须把亏损固定在一定范围内。除此之外，就是放手让盈利去奔跑。

每一名交易员，都需要具备一些优良的素质。比如执行力，再好的策略，如果没有办法去完美执行，那将来还是会失败的。只要你执行了自己的交易策略，哪怕造成了亏损，也是一笔合格的交易。

综上所述，可以看到，我的理念和策略一点都不神秘，都是投资者耳熟能详的东西。关键是如何把这些理念贯彻到自己的实际操作中去，如何在实际操作中把自己的行为习惯向这些理念和策略靠拢。因此，理念和策略我可以与大家分享，但是能不能做到，就要看投资者自己的努力了。我一直认为，在实际交易中要想做到稳定获利，努力的方向应该是通过合理的方法找到能够提升你交易盈亏比的模式，并把这个模式不断复制下去。

交易系统

阅读提示

交易系统要解决好“3 个点”

在我看来，交易系统并不复杂，主要解决好“3 个点”：一个进场点、一个出场点、一个止损点。

进场点，就是形态的突破点，即某些常见形态（平台、三角形等）被突破时的位置。

出场点，就是线（趋势线）的突破点，市场无论是上涨还是下跌，基本都呈现高低点同步上升或下降的走势，这些高低点的连线一旦被突破，出场点就出现了。

止损点，就是走势偏离预期的位置。设置止损点，是风险控制的一个重要举措，是让投资者能在市场上存活下来的一个有效手段。止损点的设置比较多样化，以上升趋势为例，止损点应该是某个上升通道下方的支撑点，具体来说：第一，如果买在调整浪结束之后的点，止损点就设在调整浪最低点；第二，如果买在主升浪途中的一波小的上涨浪之后的回调结束处，止损点就设在上一波小的上涨浪回调的低点。

我一直认为，在期货交易中，做错不可怕，可怕的是做错后不止损（不止损的交易者伤不起）！不做止损的交易者会导致整个账户崩塌，而做错后付出的止损应该归类于交易成本。所以，止损是非常重要的。

趋势交易

核心观点

顺应市场，按趋势交易

在投资市场中，盈利的策略有很多，有高频的、短线的、长线的、套利的，只要能盈利的策略都是好策略。长期的交易经验告诉我们，想在市场中生存，最为重要的就是顺应市场，按趋势交易。因为趋势交易是成功率最高的交易（低风险、高概率），只有在成功率高的前提下，投资者才能获得相当的利润。无论国内还是国外，早期还是现在，趋势交易始终是最容易成功的投资（机）理念。

那么，如何做到按趋势交易呢？简单地说，就是跟随趋势：在上升趋势中，执行买入计划；在下降趋势中，执行卖出计划。

据统计：在一个明显的上升趋势中，行情继续向上发展的概率有75%；而在一个明显的下降趋势中，行情继续向下发展的概率有80%；在一个明显的横向趋势中，行情向上和向下发展的概率都是接近50%。我认为：在一个上升趋势中，顺势交易获胜的概率就有75%，而横向趋势的概率是18%，逆势交易获胜的概率是7%；在一个下降趋势中，顺势交易获胜的概率有80%，而横向趋势的概率是15%，逆势交易获胜的概率只有5%。

所以，顺势交易和逆势交易的对比还是很明显的。

趋势交易和波段交易并不矛盾，仅是持仓时间的长短不同而已。具体来说，进行交易时，按时间尺度来划分，市场交易机会可以分为以下3类：第一，长线趋势交易机会；第二，中线波段交易机会；第三，短线交易机会。选择交易的周期越长，所能容纳和承载的资金量就越大。具体情况如图1－1所示。

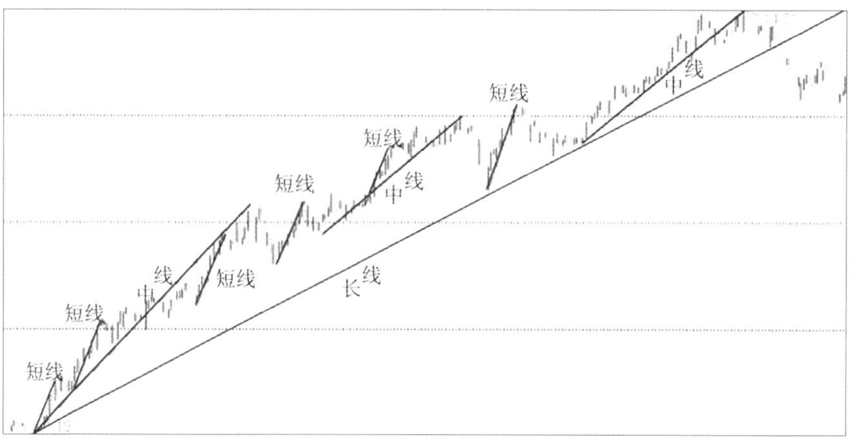

图1－1　趋势波段如何操作

如何选择交易品种

核心观点

选择成交量大（活跃）、趋势性强、波动幅度相对较大的品种

如何选择交易品种呢？选择适合的交易品种就像寻找适合的工作岗位一样，具有非常重大的意义。在同一市场中，每个品种所具有的影响力是不一样的，关键是要弄清楚它们之间的联动效应。

交易品种的筛选是根据品种的成交量是否大（是否活跃）、趋势性是否强、波动幅度是否相对较大等方面来进行的。

进行筛选后的主流品种有以下几类：

第一，工业品：铜、铝、锌、螺纹钢、橡胶、PTA、塑料、铁矿石、焦炭、焦煤；

第二，农产品：大豆、豆粕、菜粕、豆油、棕榈油、菜油；

第三，其他走势相对独立的品种：黄金、白银、白糖、棉花、鸡蛋。

对于工业品来说，首推螺纹钢、铁矿石、焦炭、铜、橡胶。理由有以下几点：

第一，跟宏观经济状况密切相关，与股市的联动性较好；

第二，有内外盘做参考，可以内外盘走势的强弱作为操作的依据；

第三，品种之间有一定的联动关系，可以同类品种走势的强弱

作为操作的依据。

工业品适合对宏观经济大方向把握较好，对商品期货研究比较深的投资者。

对于农产品来说，首推大豆、豆粕、菜粕、豆油、棕榈油。理由有以下几点：

第一，跟基本面密切相关，走势很大程度上由自身的供需关系所决定；

第二，有内外盘做参考，可以内外盘走势的强弱作为操作的依据；

第三，品种之间有一定的联动关系，可以同类品种走势的强弱作为操作的依据，而且这些品种之间经常会存在很好的套利机会。

农产品适合对基本面研究比较多，对商品供需关系把握较好的投资者。

总之，选择交易品种，要尽量选择大众化的（如成交活跃、波动幅度相对较大、趋势性较强等）、跟经济景气度密切相关的品种，或者选择影响因素有明确参考依据的、可分析的品种。

风险控制

核心观点

只建 30% 的仓位，设置每次止损的额度

在期货市场中，从不缺一夜暴富的故事。期货市场上传奇故事

的演化路径一般为：重仓—暴利—更大的野心—更重的仓位—意外事件发生—从天堂到地狱，资金回到原位甚至爆仓！怎样杜绝这种现象呢？做好风险控制。

如果你不懂风险控制，即使你学会了成功交易的方法、技术、手段，你可能还会失败。风险控制是期货交易中最重要的一项，在趋势交易系统中占了重要一席，如果没有风险控制，再好的技术也做不到长期稳定获利。有风险控制，就能够在亏损的时候截断亏损，把亏损固定在一定范围内，而在盈利的时候让利润奔跑。

风险控制由资金管理和纪律执行两部分组成，资金管理和纪律执行两者相辅相成，有了资金管理，若不严格执行纪律，一样会让亏损变大。在期货交易中，没有节制的人就会陷入贪婪和恐惧中。

期货交易对投资者最大的吸引力来自杠杆效应，很多人在实际操作中希望将杠杆运用到极限，这种做法虽然会带来暴利，但也一定会带来极大的风险。其实这是个盈亏比的问题，在实际交易中，就是要找到能够让交易保持较高盈亏比的模式，然后再把它复制下去。

对于风险控制，我的方法是：在实际交易中，通常将总持仓比率设定为总资金的30%，留下70%作为备用金（见图1－2）；同时，再把这30%分为10等份，由于在实际操作中需要试仓，这样每次试仓时允许的最大亏损（每次止损额度）是3%。每次止损额度可以概括成一个公式：每次止损额度＝（投入资金总额×30%）÷交易次数。当然，第二次加仓的时候是行情比较确定的时候，此时就可以适当重仓（见图1－3）。

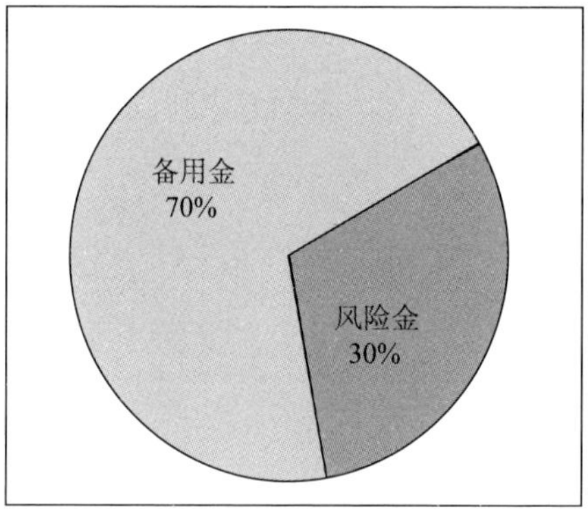

图 1-2　期货、外汇和衍生品交易的资金配比

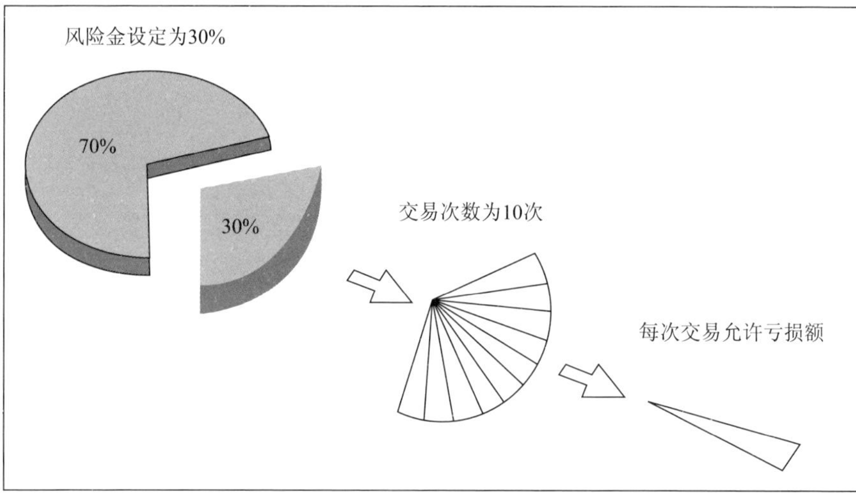

图 1-3　期货、外汇和衍生品交易的资金管理

在近几年的趋势行情中，有相当多次的交易我没有做对，之所以没有惨败的原因是我对风险控制非常重视，在做错了逃跑的时候，跑得比兔子还快！其实在期货市场上，每天都有机会，错了一笔没关系，只要能把大多数的本金留住，很快就能重新崛起。但是，如果在一笔交易中账户被爆仓了，那后面的行情即使你看对了，也和你没关系了。

养成良好的交易习惯

核心观点

做好交易总结和交易计划

写交易日记

良好的交易习惯会带来良好的交易行为，良好的交易行为才会让获利顺理成章。接下来分享一下我和我的团队的交易习惯。

做好交易总结和交易计划

阅读提示

交易总结和交易计划是每月、每周、每日都要坚持做的工作

每月、每周、每日都要坚持做交易总结和交易计划，长此以往，才见效果。在我看来，那些认为做交易总结和交易计划无用的投资者，是因为这两项工作没有坚持下去而导致的偏见。

每月

在月末，对本月交易进行反思，对本月遇到的交易形态和使用的交易方法加以总结，收集本月基本面的重要信息，分析本月重点关注的品种。

每周

在周日，对本周交易进行反思，对本周遇到的交易形态和使用

的交易方法加以总结，收集本周基本面的重要信息，分析本周重点关注的品种。

每日

制订早盘计划，进行盘中思考，进行午盘分析，盘后加以总结。

上述做法人人都可以做到，但是非常枯燥，在长期中能坚持下来的投资者也不会太多，因为这不是在短期内就能看到效果的。所以，在期货市场中，有恒心者有恒产！

表 1－1 和表 1－2 是我和我的团队经常使用的表格，供投资者参考。

表 1－1　交易品种分析与计划表格

品种	周期	市场语言	预判观点	计划	本周调整	交易记录	反思

表 1－2　交易统计表

次数	合约	入市方向	入市日期	价格	数量	出场日期	出场价格	资金使用率	盈亏（元）	盈亏（%）
1										
2										
3										
4										
5										
6										

续表

次数	合约	入市方向	入市日期	价格	数量	出场日期	出场价格	资金使用率	盈亏（元）	盈亏（%）
7										
8										
9										
10										
小计										

写交易日记

阅读提示

写交易日记的十大法则

写交易日记同样可以帮助投资者尽快走上稳定获利之路。根据我个人的经验，写交易日记有十大法则：

第一，保持弹性，重表达思想，而不用描述太多的规则；

第二，持续写；

第三，当你交易状态不好时，去翻看操作成功时段的交易日记，以重新唤起自己的感觉；

第四，记录每次交易案例中的差异；

第五，记录特殊时刻、事件及当时市场的反应；

第六，解决实战中出现的问题；

第七，学会问更好的问题，避免问一些类似于“铜怎么看”的问题；

第八，写下自己的宣言；

第九，每日写下的东西在月末要及时复习；

第十，模仿成功交易的做法，加深自己的记忆。

实战交易案例

核心观点

基本面的变化助推了螺纹钢的上涨

2016 年，我和我的团队有一个账户操作较为成功，该账户主要操作黑色类品种（铁矿、螺纹、焦炭和玻璃），该账户的累计收益额，现在已经非常高了。这次成功操作建立在 2015 年整个钢铁行业去产能的基础上，可以和投资者们分享一下我们交易螺纹钢的经历。

2015 年 11 月，国内钢铁价格连续下跌，甚至跌破 2008 年全球金融危机时创下的最低价。当螺纹钢期货的价格接近 1600 元的时候，预示着行业中只有 5% 的工厂才能盈利。但在行业普遍亏损的情况下，企业还是在拼命生产，这是为什么？这就需要了解钢铁行业的经营特点。钢铁行业的运转需要大量的资金，基本靠银行的信贷资金支撑，而银行往往是在每年年底的时候对钢铁厂进行评估，以此来确定第二年的信贷额度。钢铁厂为了得到银行第二年的信贷资金，即使是在亏损状态下，仍然咬牙继续生产。

由于 2015 年全行业亏损，钢铁厂、中端贸易商并没有去“打冬储”（冬季备货），在这种情况下，行业及社会的库存几乎都降到了最低点。了解到这一点，2015 年 12 月我和我的团队开始逐步建立螺纹钢的多头头寸。2016 年 2 月，螺纹钢的期货价格开始大幅上涨。

2016 年 2 月螺纹钢价格上涨的原因是国内的宏观经济发生了变化：第一，第一季度对基建项目的投入将会超过 3 万亿元；第二，放开对二三线城市房地产的限购。在上述政策的刺激下，对螺纹钢的消费潜力被激发出来，此时，市场的供给方面却出现了问题：螺纹钢的库存几乎没有。这导致螺纹钢的供应在短时间内难以跟上。所以，当螺纹钢的消费潜力被激发出来的时候，在供求关系被扭曲的状况下，在供需被错配的矛盾下，就造就了螺纹钢的一波大行情。

为什么螺纹钢行情的爆发点却在 2016 年 4 月初？首先，4 月是北方基建和消费市场的复苏期，在已经是供给略紧的情况下，需求开始大量集中释放，同时市场上所预期的复产规模没有达到目标，这些因素助推了螺纹钢价格的连续大涨。随后大商所、政府通过提高保证金额度、提高手续费比率等手段来给市场降温。4 月时，我们顺应自己的交易逻辑，只参与了多头单边行情。虽然错过了随后的空头行情，但并不觉得可惜，因为下跌行情并不符合我们当时的交易逻辑，不符合交易逻辑的交易就应该回避，哪怕能带来收益。因为这次你违背了交易逻辑，获得了超额收益，那么下一次你还会违背逻辑，总有一天你会付出惨痛的代价。

延伸阅读

由于经营实业出身，加之发现自己比较擅长基本面的分析，本文作者便根据自身特点建立了基本面与技术面相相结合的交易体系。但是，在作者的交易体系中，基本面与技术面两者所占比重并非对等，而是有所侧重。

虽然作者擅长基本面分析，但在其交易决策中，基本面分析所占比重仅为40%，而技术面分析所占比重达到60%，显然作者把关注重点放在了市场的实际走势上。所以，就算是要走基本面与技术面相结合的道路，每位投资者仍然需要根据自己的实际情况来确定两者的比重，或者基本面权重大一些，或者技术面权重大一些，或者两者各占50%。至于两者的权重如何设置才更适合自己，每位投资者应该在实际操作中去寻找和验证，这一点是别人无法替你做到的。交易大师的经验可以借鉴，也仅是一个思想上的学习，而适合自己的细节却只能从实践中获得，这或许就是理论来自实践，又反过来指导实践在期货市场中的运用吧。

写总结和交易日记、制订交易计划，这是每位投资者都知道，但绝大多数投资者都做不好的事情。因为日复一日、年复一年重复几乎相同的工作，对大多数投资者来说也太枯燥、太无趣了，这令充满诱惑的交易过程充斥了枯燥的气息。在市场的诱惑下，投资者收获的不是成功的喜悦，而是失败后的懊恼。面对市场的诱惑，投资者唯有以自身的定力来压制它，而定力如何修得？只能从枯燥中来。

第二章

量化交易给主观交易者的启发

言程序

量化交易是个工具，所有量化交易的策略都是人想出来的

量化交易概述

核心观点

量化交易就是大量重复做很简单的事情

进入资本市场，投资者的目的都很简单——获利。我认为，从辩证的观点看，如果想赚钱，必须先淡化赚钱的想法。当投资者很想赚钱时，整天泡在市场里，就容易从众，被市场弄得分不清方向；当投资者淡化赚钱的想法时，站在市场“外面”来看市场，这时的思路是比较清晰的，就比较能客观理智地看待市场的走势。当投资者失去理智时，一旦大多数投资者的情绪在短时间内集中释放，便会导致市场出现剧烈波动。比如，如果市场参与者产生了恐慌情绪，都去放空股指，那么股指可能就会出现跌停。

2010 年 4 月，股指期货一经推出，我们便进入股指期货市场，随着时间前移，我们的经验也在慢慢增加。这期间经历了许多刻骨铭心的时刻，比如，2016 年 5 月 31 日，IF1606 只用了 35 秒的时间便跌停。从成交明细上看，在一刹那，近 400 手空单将 IF1606 的涨幅从 3% 打到了 2%，接下来就出现了 200 多手的止损单，然后 IF1606 就跌停了（见图 2 – 1）。

从成交明细角度看，如图 2 – 2 所示，第一笔 398 手主动性的空单

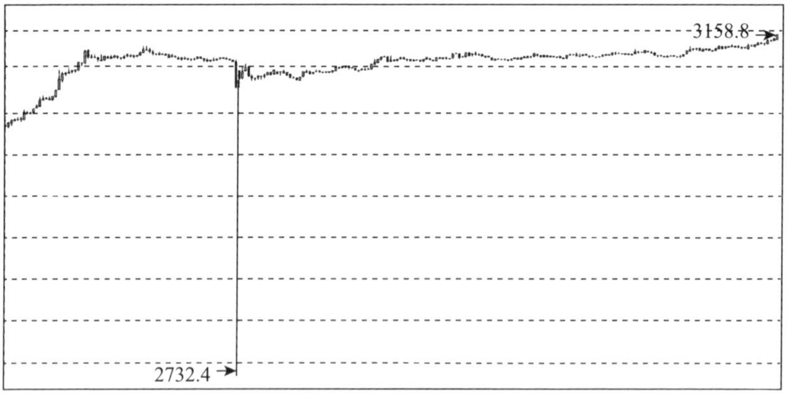

图 2－1　2016 年 5 月 31 日 IF1606 的 1 分钟走势

卖一	3115.0		4
买一	3113.0		1
最新	3113.0	均价	3091.4
涨跌	77.2	今开	3046.2
涨幅	2.54%	最高	3150.0
总量	13867	最低	2732.4
金额	128.61亿	量比	3.70
涨停	3339.2	跌停	2732.4
外盘	7212	内盘	6655
持仓	33969	结算	—
仓差	0	前结	3035.8
日增	-1212	开平	空换

时间	价格	现量	仓差	性质
10:41:57	3125.4↓	1	-1	双平
10:41:57	3125.8↑	1	0	多换
10:41:58	3126.0↑	1	1	双开
10:42:00	3126.0	1	1	双开
10:42:00	3126.0	1	1	双开
10:42:04	3127.0↑	2	1	多开
10:42:04	3127.4↑	1	-1	双平
10:42:06	3127.2↓	1	1	双开
10:42:07	3127.0↓	4	0	空换
10:42:08	3126.8↓	1	1	双开
10:42:10	3126.8	1	0	空换
10:42:11	2980.0↓	398	170	空开
10:42:11	2979.6↓	107	4	空开
10:42:12	2736.2↓	141	40	空开
10:42:12	2732.4↓	21	-4	多平
10:42:13	2732.4	19	-2	多平
10:42:13	2732.4	6	-4	多平
10:42:14	2732.4	13	-6	多平
10:42:14	2732.4	11	-6	多平
10:42:15	2732.4	16	1	空开
10:42:15	2732.4	13	4	空开
10:42:16	2732.4	15	8	空开
10:42:16	2732.4	10	1	空开

图 2－2　2016 年 5 月 31 日 IF1606 跌停前后的成交明细

出现之后，后面跟随的 107 手和 141 手空单有可能都是被动跟随的止损单。这些止损单的出现大部分可以归类为量化交易的结果。在我们眼中，量化交易不是神话而是工具，因为所有的量化交易策略都是人想出来的。当然，量化交易并非肯定会获利，如果人们制定出来的策略会导致亏钱，交给电脑自动交易会怎样？当然是会自动帮人们亏钱。所以，量化交易没那么神。量化交易主要做什么事情呢？量化交易在做的一件事情就是：大量重复做很简单的事情，简单到每一天都在做，每一个时刻都在做，每一笔交易都在做。这是什么意思呢？就是量化交易会反复不停地执行主观交易制定的交易策略。

策略的量化过程

核心观点

对收盘价的处理

对交易时间的处理

对仓位的处理

事后来看，如果我能预测到 2016 年 5 月 31 日 IF1606 会跌停，那我肯定就不会进场做多，但因为我不具备这样的能力，只能称这次跌停事件为“黑天鹅事件”。从图 2－1 中可以看到，IF1606 在剩余交易时间里的波动非常小。这不禁让我想到，如果在“黑天鹅事件”上无法赚钱的话，应该从哪里赚钱呢？我赚钱的方向在哪里呢？

后来，我花了很多时间来思考这个问题。

我给出的方向就是：大家可以去统计某些现象，以便能发掘出某些规律。你要总结出某些现象可能会发生的一个概率，然后针对这个概率去大量执行——不是凭人力去执行，而是让电脑去帮我们执行。

具体要怎么做呢？为了把这个问题讲清楚，我们可以利用市场存在的一个现象：大涨（跌）后次日容易出现震荡走势。也就是市场在每次大涨（跌）之后，在次日或者是接下来的几天里，行情得以延续的概率较低，反而容易出现震荡走势。具体来讲，我发现每一次指数涨（跌）到整数位时，就很容易跌（涨）回来（去）。什么意思呢？举个例子，如表 2 -1 所示，假设目前指数在 3000. 4 点，当它涨到 3100 点时，很容易又跌回到 3000. 6 点；同理，当指数跌到了 3000 点后，很容易又反弹到 3000. 4 点。其实，这就是大家所谓的支撑和阻力概念：指数碰到支撑就会弹起来；碰到阻力就会跌回来。根据这个现象，我制定了一个交易策略并把它编程，目的是当我休息或者是我不看盘时，该程序可以自动运行，帮我完成交易，这就是量化交易的实质。

表 2 -1　IF1606 的成交价位

价位	委量
3001. 0	
3000. 8	
3000. 6	
3000. 4	
3000. 2	
3000. 0	

后来，我们对上述现象进行统计，发现其出现的概率特别高，并且适用于各个市场，尤其在市场大涨之后和市场没有效率的时候。至此，我们就可以把该现象当作一个规律来获利。

如果用该规律编程，我的策略如下：当看到3000点出现时，我就进场在3000点买入，成交之后，立刻在3000.4点挂卖出平仓单，希望能赚0.4个点（不考虑手续费和滑点）；当看到3001点出现时，我就在3001点卖空，只要成交了，我就会挂单在3000.6点平仓，希望能赚0.4个点（不考虑手续费和滑点）。下面，我把该策略用可以编程的语言论述一下：

第一，对收盘价的处理。对收盘价取整数，然后以此为基础定义两个条件：一个条件是当指数的尾数为2和4时；另一个条件是当指数的尾数为6和8时。

第二，对交易时间的处理。假定自动交易时段介于9：30～11：28，如果时间超过11：28则全部清仓。

第三，对仓位的处理。分多单、空单和止损单的处理方式，使预期盈亏比为2∶1。

对收盘价的处理

阅读提示

收盘价要取整

程序

value1 = IntPortion（close）;　　(1)

condition1 = mod（close * 10，10）> = 6 and mod（close * 10，10）< = 8 ； （2）

condition2 = mod（close * 10，10）> = 2 and mod（close * 10，10）< = 4 ； （3）

解读

程序（1）：该程序的意思是取一个收盘价的整数位。什么叫“收盘价的整数位”？意思是说，当指数的收盘价出现3000.2点时就认为是3000点，当出现3000.4点时就认为是3000点，当出现3000.6点时就认为是3000点，当出现3000.8时就认为是3000点。注意，这不是四舍五入的概念，这种处理方法只是把小数位去掉。

程序（2）：条件1（condition1）成立的条件，即该程序的意思是把收盘价乘以10再取个位数，然后判断所取之数是否介于数字6和8之间[①]。把收盘价乘以10再取个位数是什么意思呢？很简单，如果指数今天的收盘价是3000.2点，把收盘价乘以10是30002，取30002的个位数是多少？当然是2。同理，我们可以分别取3000.4点、3000.6点和3000.8点的个位数为4、6和8。

这么做的目的是要知道今天收盘价的尾数，然后确定这个尾数是否介于6和8之间。我主观上认为，当尾数介于6和8之间时，指数可能会先上涨到3001点的整数位，遇到阻力后再跌回到3000.6点。因此，我把收盘价的尾数介于6和8之间时作为条件1。

程序（3）：条件2（condition2）成立的条件，即该程序的意思是把收盘价乘以10再取个位数，然后判断所取之数是否介于数字2

① 根据实际情况，就是取6和8。

和4之间。

这么做的目的是要知道今天收盘价的尾数，然后确定这个尾数是否介于2和4之间。我主观上认为，当尾数介于2和4之间时，指数可能会先下跌到3000点的整数位，遇到支撑后再反弹到3000.4点。因此，我把收盘价的尾数介于2和4之间时作为条件2。

对交易时间的处理

阅读提示

在9：30～11：28时间段内交易

程序

```
if time > =0930 and time < =1128 and condition1 then begin;
if marketposition =0 then sellshort next bar at value1 +1 point  limit;
end;                                                              (4)
if time > =0930 and time < =1128 and condition2 then begin;
if marketposition =0 then buy next bar at value1 limit;
end;                                                              (5)
```

解读

程序（4）：先把时间定义好，取上午交易时段为9：30～11：28（下午交易时段的设定与此类似），再与条件1取交集，然后开始做下一步动作。

当我没有仓位的时候，一旦市场价位满足了尾数在6和8之间的条件，我就挂“3000+1”（value1+1）的空单，即我要在3001点位挂出一个卖单，这个单子是委托现价卖出。只要在9：30～11：

28 时间段市场能满足条件 1，我就在 3001 点挂空单并一直等待成交。

程序（5）：同理，在 9：30～11：28 时间段内，当我没有仓位的时候，一旦市场价位满足了尾数在 2 和 4 之间的条件，我就挂"3000"（value1）的多单，即我要在 3000 点位挂出一个买单，这个单子是委托现价买入。只要在 9：30～11：28 市场能满足条件 2，我就在 3000 点位挂多单并一直等待成交。

这样我就形成一个策略，它与支撑位和阻力位的概念有关，思路如下：当指数临近支撑位的时候，我挂单在支撑点买多并期许指数能弹起来；当指数临近阻力位的时候，我挂单在阻力点卖空并期许指数能被压回来。程序（4）和（5）就是该策略的量化结果。

当成交之后，即手上有了多单或空单时，这时必须要设止盈位或止损位，而盈亏比设定为 2∶1，当胜率超过 50% 时，就能够获利了。

对于多单：假如所挂多单在 3000 点成交，止盈位就设在 3000.4 点，理论上共盈利 0.4 个点（3000.4－3000）；根据盈亏比（2∶1），损失应该设置为 0.2 个点，此时，止损就应该设在 2999.8 点（3000－0.2），即被迫止损时仅亏损 0.2 个点。

对于空单：假如所挂空单在 3001 点成交，止盈位就设在 3000.6 点，理论上共盈利 0.4 个点（3001－3000.6）；根据盈亏比（2∶1），损失应该设置为 0.2 个点，理论上止损位设在 3001.2 点（3001＋0.2），即被迫止损时仅亏损 0.2 个点。

需要特别指出的是，不管持有多单还是空单，止盈位和止损位的设置都要确保盈亏比保持为 2∶1。

对仓位的处理

阅读提示

止盈和止损

平仓

止盈和止损

程序

```
if marketposition =1 then begin set stop loss (60);
sell next bar at entryprice +0.4 limit;
end;                                                    (6)
if marketposition = -1 then begin set stop loss (60);
buytocover next bar at entryprice -0.4 limit;
end;                                                    (7)
```

解读

程序（6）：多单的止损和止盈。第一行是止损的程序。设置0.2个点的止损，用实际损失60元来代替[1]。第二行是止盈的程序。在买进的价位上加0.4个点卖出平仓。

程序（7）：空单的止损和止盈。第一行是止损的程序。设置0.2个点的止损，用实际损失60元来代替。第二行是止盈的程序。在卖空的价位上面减0.4个点买进平仓。

---

① 股指期货一个点值300元，0.2个点值60元。

平仓

程序

```
If time >=1128 then buytocover next bar open;        (8)
If time >=1128 then sell next bar open;              (9)
```

解读

程序（8）和（9）表达的意思是，如果时间超过11：28，多单和空单全部平掉，手中不再有仓位。

综上，我思考的逻辑就是：当我想到一个策略或方法时，我要先完整给出在市场中有没有仓位的条件，而当手中有仓位的时候，我要根据什么样的条件去执行止盈（损）。我认为，量化交易是一个工具，它要帮我们执行预先设定的规则，无论何时，只要入场条件成立了，程序就自动帮我进场，进场之后手中就有多单与空单，我必须先设定好止盈和止损的条件，在确保盈亏比是2∶1的情况下，就可以放心地让程序去自动运行了。

交易速度

核心观点

物理距离的影响

电脑配置的影响

对于实际交易来说，速度很重要，因为在关键价位的成交量是有限的，不能保证所有想在此价位成交的要求都会得到满足。所以，看到市场出现了某个价格，并不代表投资者就一定能够把纸面利润转换成真实利润，因为不一定能在此价位上成交。但就量化的角度而言，必须尽可能成交，所以速度是获取利润的一个重要因素。如图2－3所示，期货市场完整的交易流程为：交易所传送数据和信息给券商和资讯商，然后传达至用户；用户决定买（卖）后下单给券商，券商传送下单信息；交易所撮合成交，成交回报先反馈给券商，再反馈给用户。所以我们要尽量缩短这期间被耽搁的时间。

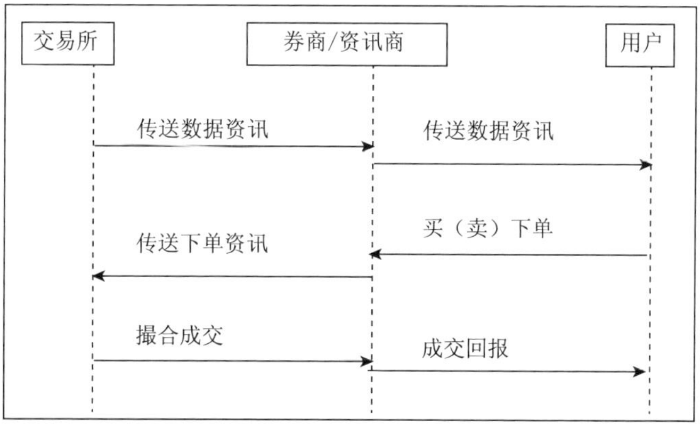

图2－3　期货市场完整的交易流程

物理距离的影响

阅读提示

地理位置对交易速度有影响

当采用量化交易之后，我就开始思考，自己的主机应该放在哪里，也就是说，地理位置会不会对交易速度有影响。比如，在上海交易与在新疆交易在速度上有没有差别呢？有差别。这个差别虽然未必是影响获利的关键所在，却导致很多时候你能看到某个价格，但你点进去后却发现吃不到那个价格，原因就是你报单的速度有些慢。

我曾经尝试过在中国香港进行内地股指期货的交易，成交回报来回耗时 3 秒，这 3 秒里要是遇到 2016 年 5 月 31 日的走势会发生什么情况？我刚好买后遇跌停。所以我想，如果要做量化交易，就不得不考虑交易速度的问题。如果有可能，把交易程序放在中金所主机、期交所主机或期货公司的 VIP 主机上是最好的选择。这样做的目的很单纯，就是让策略被自动执行的时候，能够确保在预先设定的那个价位上成交，就是在那个价位我要吃掉一定数量的单子。

电脑配置的影响

阅读提示

电脑配置对交易速度有影响

在把交易用的主机放在理想的地点之后，接下来我们要挑选适宜交易的电脑，要求就是选择内核多、主频高的产品。内核多保证电脑能够一次执行多种交易命令，包括分析、交易、风控等；主频高意味着电脑的“爆发力”强，能够在瞬间完成计算任务并下单，以确保自己的交易要求得到满足。对量化交易者来说，对交易工具——电脑的选择很重要，尽量每 3 年更换一下电脑，要选择内核多、主频高、配置高的品牌，这是做好量化交易的基础。

2015 年股灾后，量化交易者获利的比率不到 10%，因为量化只是一种行为，人的情绪往往很难控制，如果你在不高兴的时候把网线一拔，量化交易也会变成主观交易。根据投资者多年的经验来判断市场的走势是有难度的，所以量化交易很难，主观交易更难。该怎样去看待这两种不同的交易行为呢？主观的逻辑是量化的基础，量化交易只是把策略变成了自动执行，让电脑可以 24 小时不间断地去执行很简单的策略，让主观的逻辑恰好可以去匹配量化交易。

我有一个很多年前获奖的策略到现在仍然有效的原因在于，交易不是只有买卖这么简单，重点还包括应该怎样去止盈（损）、怎样去执行规则，以及尽量保证在任何一个想成交的点位能够成交，所以量化交易者需要重视交易速度。

“钓鱼单”策略

核心观点

每天挂单等涨（跌）停板

所谓“钓鱼单”策略，就是我预期市场可能会出现涨停或者跌停，每天提前在涨停板或跌停板位置挂单卖出或买进。简单来讲，就是我可以每天挂单等涨（跌）停板，不指望它第一天就成交，因为这种概率真的很小，但是一旦出现后，它容易往反方向“弹”

回来。

对于“钓鱼单”策略，我们该怎样去量化它呢？

首先，条件满足限价委托。条件如果满足涨（跌）停板的要求，假如某天股指的收盘价是3000点，第二天我就在3300点挂单卖出，同时在2700点挂单买进。其实，这个方法不需要动脑筋，不需要每天人为去做，可以把它量化，让电脑去自动执行。怎样把这个策略编成程序呢？在程序编写的过程中，我们还要考虑这样的事情：委托成功或委托失败。量化方式与人为方式最大的差别就是，人为方式只要用手去按取消键就好了，但量化方式就必须考虑周到。如图2－4所示，要考虑委托成功或委托失败。如果委托成功了，那就会有成交回报；如果委托失败了，那就处理，然后结束。

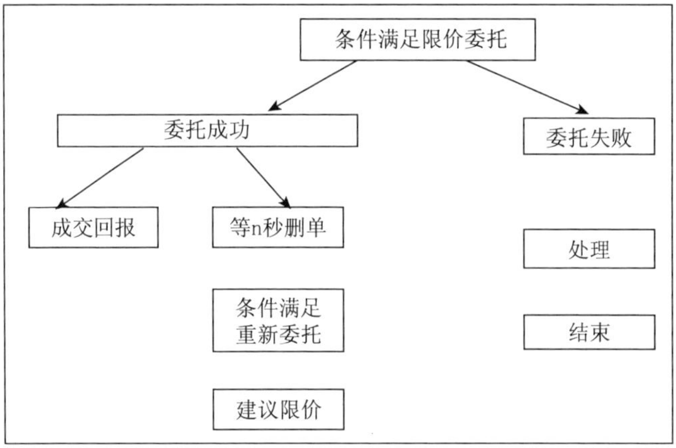

图2－4　在“钓鱼单”策略中限价委托的处理流程

其次，成交之后的处理。如图2－5所示，成交之后出现了两个条件：第一，市价回补（指平仓），只要成交量足够大，价格成交之后你就要着手立即回补；第二，限价回补，缺点是要等到约定价格出现后才会成交。

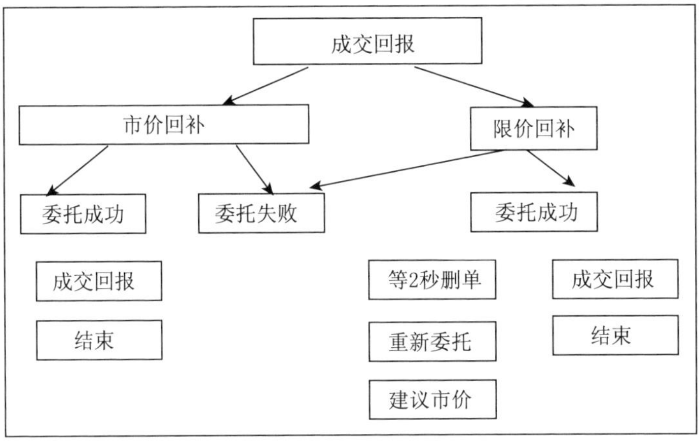

图 2－5　在“钓鱼单”策略中成交回报的处理流程

所以，对于量化交易者来说，在程序编制过程中，必须要尽可能兼顾市场会出现的各种问题，因为你是让电脑去执行，要尽量把市场的每一次波动都囊括进来。

风控

核心观点

风控措施要慢慢改进，直至形成自己独有的风控体系

要直接证明风控的作用是一件很难的事情。很多时候一场股灾下来，被清盘的人都说，是市场的原因导致了产品净值的大幅回撤。2015 年国内股指下跌迅猛，就我个人而言，没有什么可怕的。首先，我们在海外看过更猛烈、更可怕的下跌走势；其次，股指没有跌破 2014 年的低点，假若你是在 2014 年低点买的股票，应该不会

亏钱。亏钱的投资者是亏在2015年加码或者是加杠杆了，并且风险控制没处理好。

无论是企业还是个人，赚钱的能力是要用时间来证明的，同样，风险控制也需要用时间来证明，随着交易时间的延长，各项风控措施要慢慢改进，直至稳定下来，最终形成自己独有的风控体系。如表2-2所示，这是我们公司的风控流程及组织架构。所以，就算再让我们经历一次股灾也不怕，因为我们早已准备好。

表2-2　风控流程及组织架构

层次	内容
第一层：首席风控官设定风控标准	首席风控官负责组建风险控制委员会，设定风控标准
第二层：交易部门自主管理	所有策略均已按风险控制委员会所要求的风控标准设定并写入程序中，当触及止损线则程序自动止损平仓
第三层：电脑自动监控	在交易部门的程序之外，另有电脑自动监控，当交易策略或交易部门的持仓触及止损线时，电脑自动止损平仓
第四层：风控稽核人员即时监控	若不幸触及上述风控标准，则风控稽核人员手动平仓
第五层：技术总监维运电脑设备	根据风控稽核人员的汇报，维运更新第二层电脑会自动监控系统

未来的投资

核心观点

应该选择多市场、多策略交易

面对全球一体化的浪潮，我们要参与的不只是国内市场。

2017 年想投资的话，我认为有两个选择：第一个，投资 A 股，因为市场会宽松，所以你要进的市场最好是金融市场；第二个，兑换美元，因为你可以做资产配置。如果做资产配置，你就要考虑境外投资。那需不需要换成美元以外的货币呢？不需要，因为未来只有两种货币最强势：一个是人民币，另一个是美元。亚洲其他国家或地区的货币，如果人民币贬值，一般就会贬得更厉害。未来，人民币可能会出现贬值现象，如图 2－6 所示，在人民币出现了八九年的升值走势后，2014 年和 2015 年开始横向震荡，2016 年，人民币的走势已经向上突破，各条均线呈现多头排列，将来估计会出现一个比较好的上升趋势。

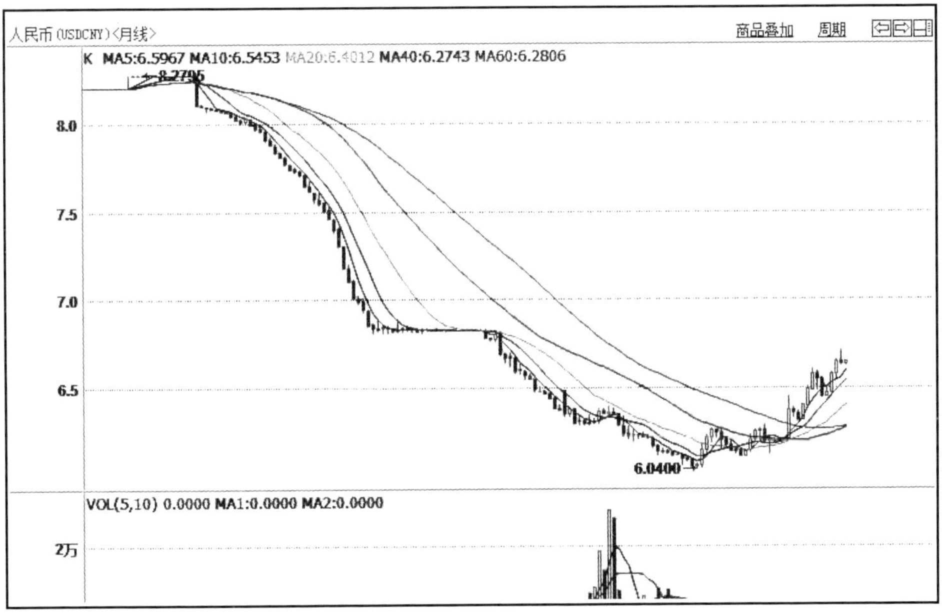

图 2－6 2003—2016 年人民币走势月线图

量化交易的好处是可以跨市场、跨品种和 24 小时交易，这就是未来的交易趋势。以前，当投资者做单一市场时，一般会选择多策略、多商品的交易方式；现在投资者应该要选择多市场、多策略的交易方式（见表2－3）。在过去，由于对外投资受到限制，只能在国内市场做交易，当拥有私募基金牌照时，应该想办法把资金做多市场的配置。量化对冲的对象，未来应包含海外市场，这是一个趋势。同样的方法，在国内适用，在其他市场也将能适用。欧洲股市、中国香港股市、纳斯达克等，这都是投资者要考虑的市场，量化交易可以帮你做资金的分配。马云曾说过，这是一个不是对手比你强，而是根本连对手都不知道是谁的时代。你只有不断学习，才能立于不败之地，投资也是如此。

表2－3　市场的策略

层次	组合
LV1	单商品、单策略
LV2	单商品、多策略
LV3	多商品、单策略
LV4	多商品、多策略
LV5	多市场、单策略
LV6	多市场、多策略

投资理念

核心观点

与泡沫共存，博长期复利

我们在2015年9月给投资者的信中曾提到：只要市场存在一

天，泡沫就会存在，泡沫不是坏事，它是必然现象，我们要做的是与泡沫共存，在泡沫产生时买进，在泡沫破裂时卖出，这是我们的大方向。

坚守价值投资的人从没有破产的先例，稳健做交易，不管是国内还是国外，复利才是追求的目标。复利的重点不在于赚多少钱，重点在于不亏钱，即要达到复利的效果，最重要的事情是不能亏钱。获取长期复利的前提不在于“攻”，而在于“守”，只要任何一年的亏损在20%以上，就难以实现获取长期复利的目标。

交易源头是信念之战。战场不在交易市场里，而在交易者的心中。金钱的流动是从内心狂躁的人手中，最终流入内心宁静的人手里。你可以请人帮你去执行交易规则，而我们的做法是请一群工程师维护电脑的全自动交易，并在我们设定的某种规则下有纪律地执行我们的策略。

延伸阅读

古人云，知己知彼，百战不殆。作为个人投资者来说，可以不选择量化方式来进行交易，甚至瞧不上这种交易方式，这都没有关系，这是个人的自由。但是，需要个人投资者注意的是，自己的对手却有可能选择使用量化方式进行交易，并且资金量越大的机构或企业，采用这种方式进行交易的可能性就越高。所以，普通投资者有必要了解这种交易方式，以便窥探交易对手的交易思路和手段。当然，这样做对投资者战胜交易对手未必起到多大作用，但是对于开拓交易思路、避免惯性思维和从众心理等方面，还是会有帮助的。

本文对量化交易的介绍来自实战经验，文中提到的策略或技巧，曾帮助作者获得过利润或奖项。在作者的详细剖析下，量化交易开始揭开神秘的面纱，非但没有想象中那么深奥，反而让人对这种交易方式产生了跃跃欲试的感觉，对此感兴趣的投资者可以对照学习，在把握核心思想的情况下，来打造自己独特的交易方式。

第三章

如何制定完善的交易策略

赵九军

期货交易虽然很难、很复杂，但是通过一定的策略，最终能达到持续盈利的目的

交易策略概述

核心观点

策略即应对，不同的状态有不同的策略

什么是策略，我认为就是应对，也就是采用何种方法来解决遇到的难题。如果世界上没有难题，也就没有策略，正如中国古代的“三十六计”，如果没有战争，没有各种复杂的情况，就不会有各种计谋，也就没有策略。在期货市场上我们要面对各种复杂的问题，怎么去处理，以便让自己的资金曲线的走势更加平滑，这就需要各种策略。

在进行技术分析时，我们每天面对的是K线图和各类技术指标，我认为这是一个二维的层面。实际上在交易的过程中它们会产生各种变化，所以我们实际处理的问题是在三维乃至四维层面上的，也就是说它是动态的。如果单从二维层面进行分析，很可能达不到一个理想的效果，这是为什么呢？举例来讲，就像作为个体的人，他刚来到这世界上时，基本上一无所有，最终离开这个世界时，虽然还是什么也带不走，但是我们并不认为他的整个人生就什么也没经历过，因为他早已尝遍了人世间的酸甜苦辣。我认为交易也是这样，在面对K线图和各类指标时，我们去研究导致它们产生变化的各种因素，试图去把握市场趋势的方向，以便最终得出某个结论，这其实是一个从二维到三维再回归到二维层面的过程。

要解决好交易的问题，我们的策略就涉及很多方面，包括技术面分析、基本面分析、仓位控制、情绪和心态控制，还有逻辑分析，对这些方面综合应用才会形成一个完整的策略。如果单纯从盘面的某一个点去找，我们很难把握盘面发生的各种变化。所以，我认为策略就是针对盘面的不同状态，灵活运用组合、套利、对冲、趋势与短线配合等方式来获取利润，这至关重要。

在我看来，策略的制定和病情的诊断非常类似，分析市场当前的走势，就相当于门诊的采血化验、CT 和 B 超等工作，诊断清楚才能进行下一步的治疗。治疗的时候也要分清主次，如同层层剥笋。所以，期货的策略制定是很精细的一项工作，犹如茶道表演的一道道工序，你既可以说它是科学，也可以说它是艺术。如同中国古代神医的望闻问切，诊断要分阴阳表里，内脏要分脏腑六脉辨证，症状要分阴阳虚实，药物要分君臣佐使，正是“麻雀虽小，五脏俱全”。期货交易简单到只有一涨一跌，但里面却包含了人生的所有道理。

正如太极生两仪，两仪生四象，四象生八卦，八卦生六十四卦的道理一样。市场的一涨一跌就是阴阳，有了阴阳就有了春夏秋冬，也就是四季理论。葛兰碧八大买卖法则就相当于八卦，再加上各种各样的组合变化就演化成了六十四卦。所以策略的制定既要突出重点又要层次分明，把它看作符合天地万物演化规律的一个系统工程来对待。

比如，在 2016 年上半年大宗商品的上涨行情中，我们在豆粕的启动点附近建立了长线头寸，同时又在短线上采取了“逢低买入、逢高抛出”的策略，长线和短线进行了一个很好的配合。该策略相当于古代战争中常采用的“围点打援”战术，既提高了资金的使用效率，又降低了其回撤幅度，进而提高了最终的收益率。当然，在实际的交易过程中，我们还采用了其他的战术，比如在2015年，我们阶段性地采用了“空铜多塑料”的策略，都取得了较好的业绩。

所以，在不同阶段采用不同的策略组合，就体现了精确判断、精确分析、精确处理的操盘要求。

对于交易者需要具备的能力，我们划分了“1.0”“2.0”“3.0”3种版本。1.0版本的意思就是能够抓住主要趋势交易的盈利点，要求交易者具有良好的盈利能力；2.0版本是在1.0版本基础上的升级，也就是交易者不但具备盈利的能力，还可以有效地控制资金的回撤，这往往会涉及对冲、套利的手段；3.0版本是在2.0版本上的继续升级，也就是高级策略制定阶段，我们称之为“精确量化对冲”，相当于打靶的时候所有子弹全部准确命中靶点，这是我们追求的制定策略的最高阶段。

交易策略的合理性

核心观点

策略是否合理，要按照实盘资金曲线的走势来解读

一种走势可能会有很多种变化，今天这种变化、明天那种变化都是正常的，我们就要提前进行判断，判断清楚以后针对不同的情况采取不同的方法。那么，如何评判所用策略的恰当与否呢？我认

为，不是靠理论，而是靠市场来进行检验。说白了，交易者的策略是否得当，最终要看他的实盘资金曲线的表现是否令人满意。

总体说来，交易者的盈亏有4种情况。如表3－1所示，投资者的盈亏结果分为4类：第一类，是做得最好的，盈利而且资金回撤幅度小；第二类，也能盈利但是资金回撤幅度比较大，属于盈利幅度大但是回撤也大的一类人，但不能否定该操盘手具有良好的盈利能力；第三类，百分之八九十的投资者是这种情况，有盈利能力，但是总体亏损；第四类，这是最悲惨的一类，持续亏损。

表3－1　盈亏的4种情况

类别	内容
第一类	盈利且回撤小
第二类	盈利但回撤大
第三类	有时盈利但总体亏损
第四类	持续亏损

我们来看3个实例：

如图3－1所示，这是某大赛参赛操盘手的实盘资金曲线，该曲线的回撤幅度很小，获利平稳。该曲线的走势显示，盈利是持续上升的，在第一波上升之前有一个平台期，之后曲线的表现有点像5浪上升，出现了连续两大波的连续大幅拉升。从该曲线走势上来看，这个操盘手的交易策略非常完美。对于该策略，我们看到的资金曲线仅仅是二维层面的，但在实际操作中，该操盘手的交易策略是三维乃至四维层面的。该操盘手的具体策略应该怎样动态把握，我们不得而知，我们所能知道的是资金曲线平稳上涨这么一个结果。从资金曲线的走势上分析：首先，该操盘手的防守能力很强，只要赚到的钱就不会从他手里漏出去；其次，只要有机会他的盈利就大幅增长。这个策略也是我们追求的目标，我自己基金产品的资金曲线追求的就是这种走势，不管采用哪种策略，资金曲线能做成这样就很完美了。

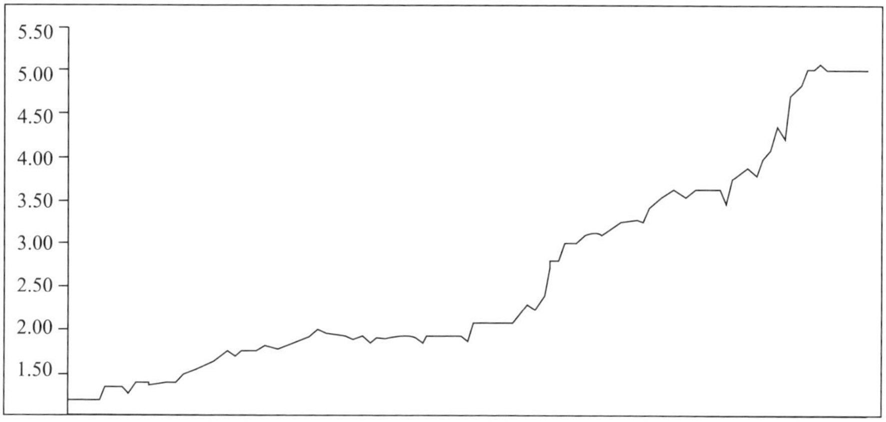

图3－1　实盘资金曲线

如图3－2所示，这是国内某著名操盘手的实盘资金曲线，该曲线也符合技术分析的要求，有两个探底小幅震荡，相当于做了一个双重底，之后出现了一波急剧的拉升，拉升之后有一个回调，在回调幅度接近50%的时候企稳，又出现一波拉升，所以该资金曲线就是一个震荡上行的走势。从该曲线的实际走势判断，这个操盘手是趋势型的操盘手，同时具备进攻和防守的能力，而且交易策略很完善，因为在资金回撤的时候他能很好地控制回撤幅度。该资金曲线在底部的时候打了一个双底，其实是该操盘手在等待机会，出现一波行情后，他迅速抓住机会就将资金曲线拉起来了。虽然图3－2中的资金曲线表现比较优秀，但是跟图3－1中的曲线相比还略逊一等。我可以透露一下两者的区别：前面的操盘手是短线交易策略，资金量小；后面的操盘手采用中长线交易策略，资金量大，可以管理大规模产品的资金。

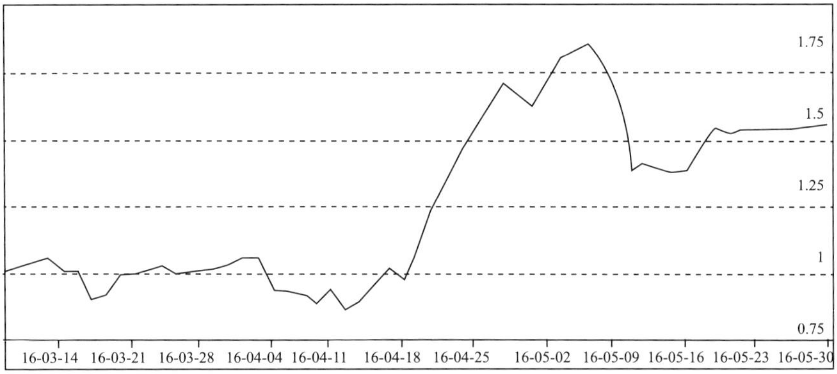

图 3－2　实盘资金曲线

如果说前面两位操盘手是市场上的赢家，那么下面的这位操盘手就是市场中常见的失败者。如图 3－3 所示，该操盘手的资金曲线呈现出典型的 3 浪下跌走势，前面有一个小幅上升走势，之后迅速破位，创新低之后出现一个反弹，反弹完成以后又出现一波下跌并创出新的低点。该资金曲线的表现说明什么呢？说明该操盘手的策略和市场走势正好是相反的，对市场判断失误，必然会带来这种结果。

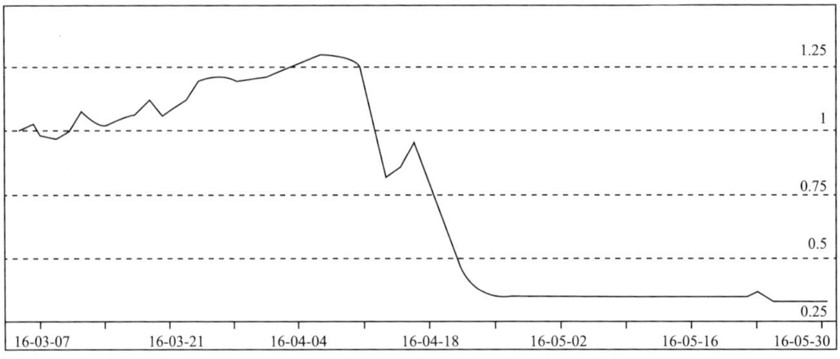

图 3－3　亏损的资金曲线

所以，应该定期检查自己的实盘资金曲线，以便检验自己制定的交易策略是否得当。资金回撤大就表明目前策略还不完善，一定要分析是由什么原因造成的，是仓位控制不当造成的，还是你的某方面策略失误造成的，可以有的放矢地根据资金曲线对当前的策略进行调整。

策略成败的关键

核心观点

量化对冲

周期对冲

品种对冲

普通交易与精确量化对冲模式

我发现在期货交易中能解决盈利的问题，期货交易虽然很难、很复杂，但是通过一定的策略，最终能达到持续盈利的目的，这些策略都包含哪些内容呢？

量化对冲

阅读提示

利用不同仓位和不同品种间的组合来解决风控的问题

我原来是一位肿瘤科的医生，我还是用我的医学知识来解释一下量化对冲的概念吧。可能一般人都会有所耳闻，在中医里砒霜能治病，砒霜虽有毒，但是中国人通过研究砒霜却在国际上获得了大奖，主要是成功治愈了 M3 型白血病。那么毒药是怎么变成了治病良药的呢？主要是在剂量上有了改变：剂量重的时候砒霜就是毒药；当剂量调整到一个最佳状态时，砒霜不但对人没有危害反而能治愈疾病。

所以，任何一种事物都可能成为治病救命的药，但反过来说，如果用得不好也可能会要人的命，所以水能载舟亦能覆舟。举个身边的例子，一个好朋友的父亲喜欢喝药酒，找了很多好药，如人参、鹿茸等泡入酒里喝，结果喝完该药酒就得脑出血了。推而广之，大家都认为好的东西倒不见得好，不好的东西反而未必坏，其间如何去把控，就是策略，所以我们认为策略是至关重要的。借鉴砒霜变良药的策略，可以构建交易中的量化对冲策略，即通过不同仓位和不同品种间的组合来解决风控的问题。

随着量化模式的兴起，主观交易模式与量化交易模式孰优孰劣的争论愈演愈烈，我认为两者并不矛盾：量化模式的设计是在成功的主观模式基础之上进行的，也就是说量化模式汲取了主观模式的优点；而主观模式相对于量化模式而言，更具有灵活性。战胜了人类围棋冠军的“阿尔法狗”目前举世闻名，“阿尔法狗”就是量化模式的最佳解释。

设计人员为“阿尔法狗”建立了一个神经网络，就相当于我们的主观交易系统，同时它又有计算机的优势，能迅速进行优化，相当于量化系统，正是具备了上述两方面的优点 ，它才取得了如此优异的成绩。所以，量化模式和主观模式必须很好地结合到一起才能发挥各自的威力。如果量化模式不是一个智能模式，那就称不上是一个优秀的量化模式；如果主观模式不辅以严格的纪律并严格执行，不能吸收量化模式的优点，也不能称为是很好的主观模式。这两者是相辅相成的关系。

近年来，投资者对基本面分析或者技术面分析过于推崇，我认为基本面和技术面是分析市场的两个得力助手，两者的相互借鉴更容易取得交易上的成功。基本面分析可以帮助我们对商品走势的大方向进行确定；而技术面分析则决定了我们具体的开仓点、平仓点。所以这两者之间相当于战略和战术的关系。基本面属于战略层面，而技术面属于战术层面。没有了战术的配合，战略也无从谈起；没有战略的指导，战术也可能会失去方向。所以，这两者要很好地结合在一起。我们更看重基本面和技术面的有机结合，这样才能更好地把握市场的节奏，获得稳定的收益。

周期对冲

阅读提示

以日线为操作中心，以小时线来把握买卖点

交易具有周期性，在交易周期的选择上，我把日线看作交易的核心，同时在以日线为操作中心的基础上，根据小时线来把握具体的买卖点。在实际操作中，根据我个人的测算，日线周期偏长，风险较大；而小时线可以做到进出比较及时，这样止损幅度就会较小。所以我建议普通投资者，以日线来判断市场方向，以小时线作为开平仓的参考，这样比较恰当。

一般说来，做长线的人害怕的是短线风险，而做短线的则担心拿不到长期利润。通过周期对冲，就可以把它们协调起来，既回避了短期的风险，又抓到了长期的利润。

品种对冲

阅读提示

可以利用板块之间走势的差异性来对冲风险和获得利润

一般来说，不同品种的走势不同，利用好这一点，也可以获得较稳定的利润。品种对冲的策略包括两方面内容：第一，只持有出现趋势性行情的同类品种，账户中要么持有多单，要么持有空单；第二，同时持有多个品种，账户中多单、空单都有。比如，把农产品和工业品等多个品种同时纳入视野，当农产品有趋势的时候，可以赚农产品的钱；农产品没有趋势的时候，可以赚其他品种的钱。当然，如果农产品和工业品分别出现了上涨行情和下跌行情，那就可以同时做多农产品和做空工业品，利用板块之间走势的差异性来对冲风险和获得利润。品种对冲策略能让资金曲线变得平滑，避免曲线出现大幅度的波动。

普通交易与精确量化对冲模式

阅读提示

模糊与精确的复合叠加

套用物理学中的概念，交易不单是一个二维层面的东西，还是一个三维、四维层面的东西，包括情绪控制、仓位配置、对市场的判断、外界干扰等。我们的策略最终要解决的问题就是既要盈利又要资金回撤幅度小，这看似矛盾但是专业的操盘手就是要把这些矛盾的东西统一起来加以解决。

既要保证资金盈利，又要其回撤幅度小，还要适应不同盘面的变化，我们就要仔细考虑怎样做才能同时满足这些要求。我的策略是：模糊与精确的复合叠加，这个策略能在不同情况下取得让我满意的效果。如图 3 -4 所示，这是一个普通的趋势交易后的状态，我们能盈利但是回撤幅度过大，相当于打靶时我们能打到这个靶子上，但是偏离靶心较远。如果我们在普通趋势交易基础上加上对冲策略呢？一个良好的对冲策略就可以把准确性提高了。如果在对冲的基础上再加上其他成熟的策略，比如有把握的短线及一些套利，甚至包括一些程序化东西在里面，我们就可以精准地命中图 3 -5 中的靶点。

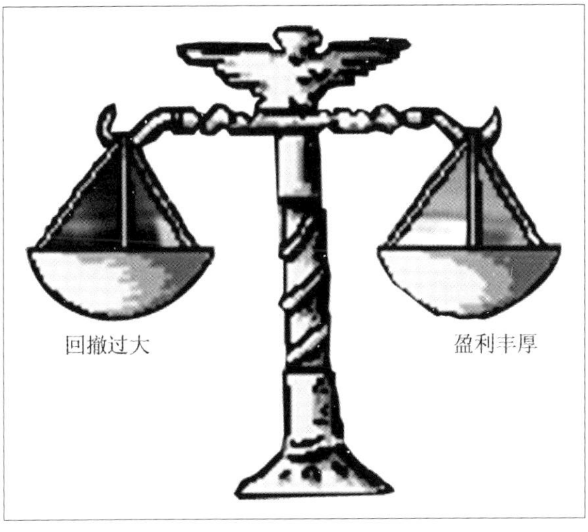

图 3 -4　普通的趋势交易后的状态

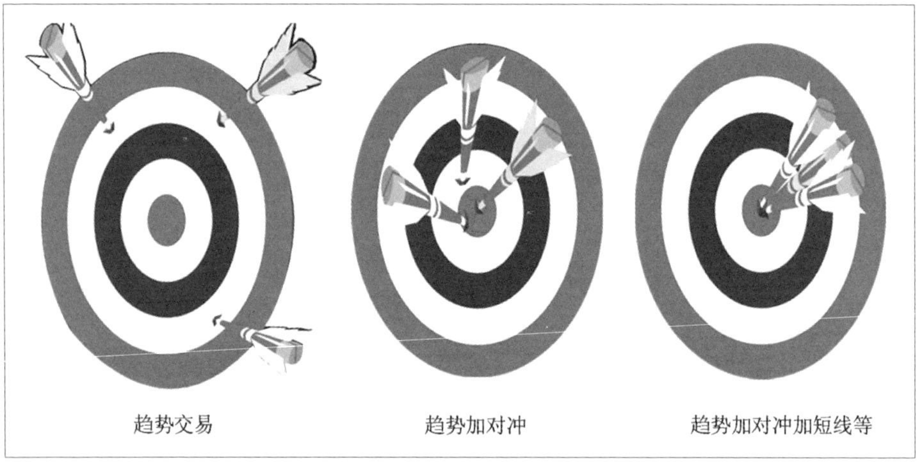

图 3－5　精确量化对冲模式

策略的变化

核心观点

梅花战法及演变

波浪理论和具体指标

实际应用举例

从策略的变化过程来说，我目前采用的策略也不是一步到位的，而是从实战中逐步摸索并改进过来的。

梅花战法及演变

阅读提示

鸳鸯阵

五行阵

三才阵

在交易的早期时段，我一次盈利很多但是资金的回撤幅度也很大。痛定思痛后，我逐步改善了原来的交易策略，将整个市场分成5个板块，包括金属、有色、黑色、化工和农产品。在这5个板块里，我们不断寻找有效的板块进行对冲，当时我称这个策略为“梅花战法”。为什么叫梅花战法呢，因为梅花有5片花瓣，而这个策略也涉及5个板块。梅花战法源自施琅攻打台湾时所采用的策略，施琅当时率领的海军的作战能力远远落后于郑成功的郑家海军，郑家海军船大炮凶，作战能力强大。后来施琅想到了一个好办法，就是把很多小船进行有机组合，然后多艘小船有层次地围攻对方的一艘大船（5打1，故名梅花战法），战斗过程中任何办法都用，比如往对方大船里撇炸弹、扔火把等，施琅就是通过这种方式打败了郑家海军。

鸳鸯阵

其实，梅花战法的核心思想就是对冲。采用了对冲策略后，我的盈利比原来提高了，但是资金的回撤幅度还是有些大，所以我在梅花战法的基础上又加入了新策略，我管它叫“鸳鸯阵”。

知识链接

鸳鸯阵

组成：

队长、盾牌兵、狼筅兵、长矛兵、短刀手。

具体内容：

队长：总指挥。

盾牌兵：两名持有标枪的盾牌兵站在队长身后，他们用盾牌来掩护自己和后面的队友，并首先投掷标枪发动进攻。

狼筅兵：掩护盾牌兵的，是站在他们后面的两名狼筅兵。所谓“狼筅”，是一种特制的兵器，形状很怪异，以长铁棍为主干，上面扎满铁枝和倒刺，往前一挺，像铁丝网一样。

长矛兵：狼筅兵的后面，是4名长矛兵，他们是队伍的攻击主力，看见敌人，就使用长矛前刺。

短刀手：队列的最后，是两名短刀手，防止对手迂回包抄，从侧翼保护长枪手。

从鸳鸯阵里面我们能得到很多启示，在里面我们可以找到多元化策略的影子。鸳鸯阵中间设有一名队长，他是总指挥，旁边有10个人站成两列，10个人拿着5种不同武器：盾牌、标枪、狼筅、长矛和短刀，他们通过使用不同的兵器和相互间的配合来发动攻击和保护彼此。这就提示我们，做中长线时也可以利用短线进行套利。长矛兵是进攻的主力，当他们发动攻击时，就相当于市场出现了大趋势，交易是以趋势为主、以趋势为王，当我们发现市场出现了趋势性行情时就应该立即采取行动，但是在抓趋势性行情时，如果没有其他策略的保护，有时候资金就会出现较大幅度的回撤。所以，给抓趋势性行情策略加上保护性策略，资金曲线才能变优美。有一次看电视，介绍双枪李向阳，李向阳为什么厉害？因为他持有双枪，并且双枪的构造是不一样的，一个有瞄准镜，一个没有瞄准镜。双枪构造不同的好处是：在距离较远时可以借助瞄准镜来攻击敌人；当距离较近时，可以使用没有瞄准镜的枪，因为没有瞄准镜的羁绊，枪可以迅速拽出来。所以，在制定策略方面，我们也要做“双枪李向阳”。

据记载，戚继光曾用鸳鸯阵大败日本浪人，其中一次杀死 100 多浪人而仅损失 3 名士兵，这也就是我们所说的：回撤损失非常小但是收益非常大。这个策略帮助我们在期货交易中取得了良好的业绩，2016 年我们有 3 个账户收益较可观：第一个以 4% 的回撤率做到了 30% 的收益；第二个以 7% 的回撤率做到了 110% 的收益；第三个资金量比较大，我们以 14% 的回撤做到了 500% 的收益。所以，有效叠加策略能让自己有效建立仓位组合，以较小的回撤幅度取得尽可能多的收益。

五行阵

鸳鸯阵也有一些变化，可以变成五行阵。鸳鸯阵适合在开阔地展开，在地形狭窄、施展不开手脚的地方，攻防的策略就要因势而变，由 10 人共同作战变为 5 人共同作战。这时，就可以把鸳鸯阵变为五行阵，狼筅兵向前和盾牌兵一起组成防线，之后是两名长枪手，再由短刀手断后，这样在很狭窄的地方照样可以迅速展开攻击。

知识链接

五行阵

在地形狭窄的地方，队长身后的两列纵队各自分开，以 5 人为单位进行布阵，狼筅兵迈步上前，与盾牌兵并列，形成第一道防线，两名长枪手跟随其后，短刀手殿后，开始独立作战。

三才阵

当敌人溃败逃跑时，前面两种战法又不好使了，可以采用三才阵。此时，狼筅兵迅速站到队伍的最前面，两个长枪手跟后，盾牌兵和短刀手提供保护，以此阵型来阻止敌人逃跑。

知识链接

三才阵

在对方逃跑时，狼筅兵迅速上前，超越所有同伴，站在队伍的最前面，两名长枪手紧跟在他的身后，盾牌手和短刀手分别站在长枪手的侧方，保护他们的侧翼。阵型在狼筅兵的带领下，便可以开始发动追击。

所以说上述策略考虑到了各种情况，不管是在开阔地还是在地势狭窄的地方，不管敌人是顽抗还是溃逃，我们都有办法对付，所以策略非常完善。

波浪理论和具体指标

阅读提示

波浪理论

支撑线与压力线——盾牌兵

均线——狼筅兵

趋势指标——长矛兵

震荡指标——短刀手

把上述思路应用到实际盘面中，可以根据自己的喜好做一个简单组合，我提供些简单的方法抛砖引玉，感兴趣的投资者可以自行研究，思路就是把波浪理论和具体的技术分析指标进行组合，在兼顾长期利润和短期利润的同时获取稳定的收益。

波浪理论

根据波浪理论，如图 3 –6 所示，一个 8 浪循环包含 5 浪上升和 3 浪下跌，相关内容相信大家都很熟悉，要点是：第二浪的低点不能低于第一浪的起涨点，第四浪的低点不能低于第一浪的最高点，而且作为主升浪的第三浪不能最短。

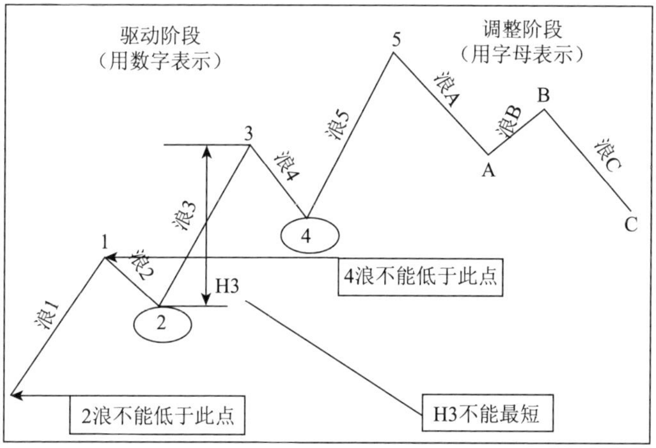

图 3 –6　波浪理论中市场的走势和要求

在市场实际走势中，如何运用波浪理论呢？我们首先要判断行情处于哪个阶段，是处于驱动阶段还是调整阶段。当行情处在驱动阶段（主升浪或者主跌浪）时，此时的操作就应该以顺应趋势为主。这时，可以参照鸳鸯阵的策略，以博取大的利润并用短线套利单来保护已经获得的部分确定性利润。当行情处在调整阶段（第二浪、第四浪及B浪反弹）的时候，那么我们就要变阵法了，要变成五行阵或者三才阵，这个时候的操作就不能以顺应趋势为主，而是以套利为主。

为了便于理解波浪理论，我们可以借鉴一年中的四季概念，用“春、夏、秋、冬”来跟8浪做对照。在日常生活中，春天播种，夏天等待作物成长，秋天收获，冬天休息。如果违背了这个自然规律，不管是谁都要受到大自然的惩罚。如图3-7所示，这是橡胶合约的周线图，我已对其走势划分了“夏”与“冬”。当然，从夏天到冬天不是完全按自然界的顺序展开的，这点大家要清楚。

图3-7　橡胶合约周线走势中的“夏”与“冬”

如图3－8所示，这是上证指数的长期走势图，我已经按四季的概念对其进行了划分，希望能帮助投资者更好地研判这段走势。

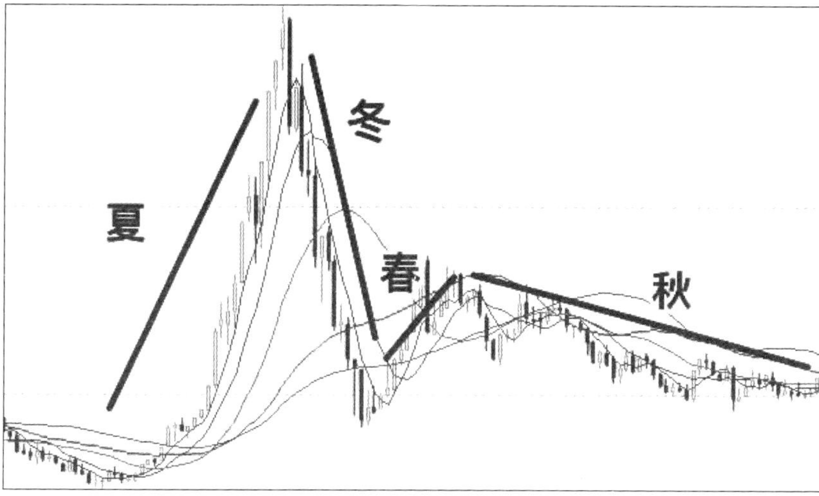

图3－8　上证指数走势中的“四季”划分

支撑线与阻力线——盾牌兵

支撑线和阻力线的运用，在我们的策略里也占有很重要的地位。支撑线和阻力线就相当于兵法中的盾牌兵，我们的进攻和防守就是围绕支撑线和阻力线来展开的，它们对交易起保护作用。我们的止盈点和止损点往往也依据它们来设定。

支撑线和阻力线的作用有点类似于现实生活中的长城和长江，古时候如果匈奴兵过了长城，我们就会认为中原有危机了，因为长城是防御的天险，一旦被突破，敌人可能就会长驱直入。长江也起到类似作用，解放军的百万雄师过了长江，就喻示全国解放已经指日可待了。

支撑线和阻力线作为重要的防线，多空双方往往会进行反复争夺。当行情走到最后一道防线时，往往是大家心理即将崩溃的时候，一旦被突破，失败的一方就会“兵败如山倒”，因为大量的止损盘就会在这个位置附近平仓。但是，由于投资者的情绪在短时间内被集中释放，行情极有可能会触底反弹。有时，在一波大行情启动前，市场往往会在重要的支撑线和压力线附近“挖出一个坑”，我们把它叫作“黄金坑”，也就是“埋葬”对手盘的地方。对手盘既然在这里都被消灭了，行情自然就见底回升，所以这是我们要重点关注的地方。

支撑线和阻力线的角色并非固定不变，而是可以相互转换，因为支撑线和阻力线是多空双方反复争夺的生命线，所以这里不免“伤痕累累”。当多头打败了空头时，这条线往往就成了多头的支撑线；当空头打败了多头时，这条线往往就成了阻力线。理解了支撑线和阻力线的本质也就明白了它们的真正含义，庄家如果在支撑线和阻力线附近做出了骗线，我们也就知道了如何去应对。所以，学习技术分析，不要只停留于表面，要真正理解它的内涵，也就不会埋怨技术分析不好用了（见图3－9）。

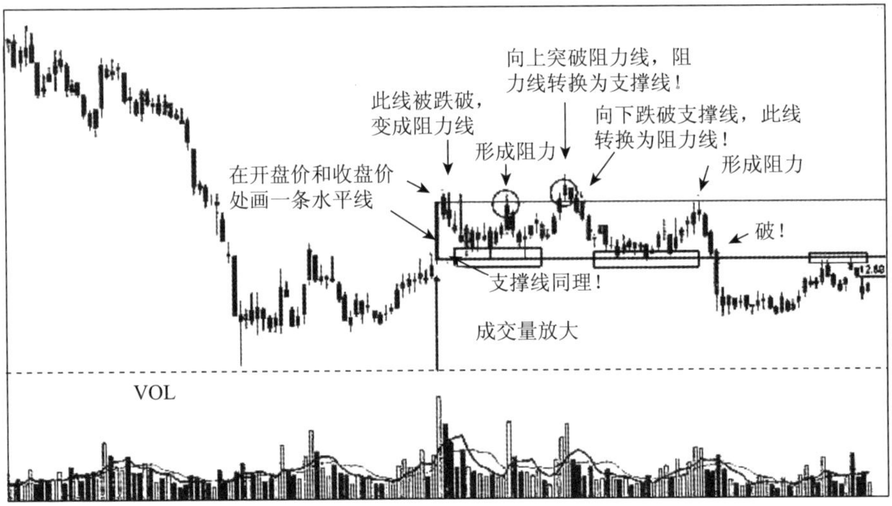

图3－9　支撑线与阻力线

均线——狼筅兵

均线可以把主要利润锁定，就相当于兵法中的狼筅兵。均线是判断趋势的重要指标，经典的技术分析都是在均线基础上产生的。均线代表了持仓成本，也就是价格，市场所有的成交都会在价格上体现出来。如果市场处于牛市，价格必然在均线之上运行；如果市场处于熊市，价格不可避免地在均线之下运行。所以，均线就相当于车里的“安全带”，只有在均线之上或均线之下，市场的运行才处于稳定期，所以我们可以通过均线捕获市场的大部分利润。

葛兰碧八大买卖法则也是依托于均线来运用的，葛兰碧的 8 个买卖点，就是体现了均线的作用。如图 3－10 所示，该图就很好地呈现了牛市里面均线的运行轨迹，上证指数整个上升形态完全体现在 5 条均线的良好运行状态上，从上到下它们依次是：5 倍线、10 倍线、20 倍线、40 倍线和 60 倍线，这些均线就是支撑线，一个大的行情最起码应该运行在 10 倍线的上方，震荡的时候最起码也应该在 20 倍线之上。

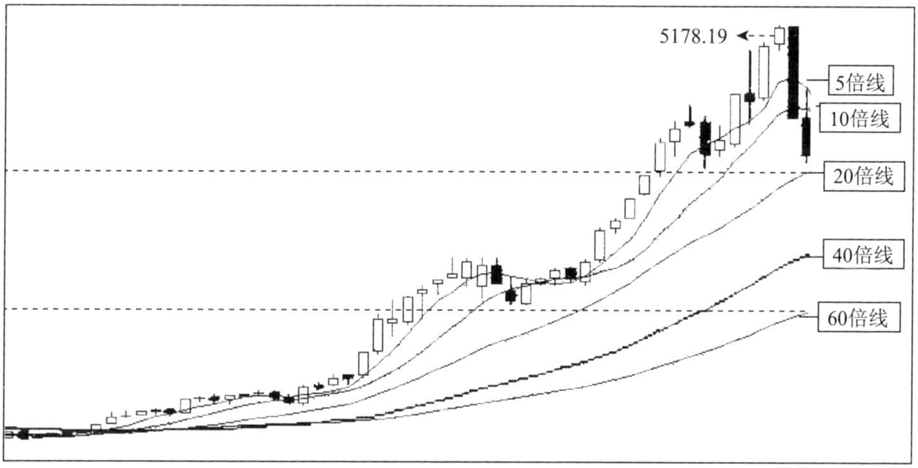

图 3－10　上证指数走势

如图3－11所示，这是螺纹钢的周线走势图。螺纹钢走出了5浪上升行情，对5浪的划分很清晰，每次调整跌到周线20倍线后，螺纹钢都获得了支撑，每一次均线黏合后螺纹钢又开始了新一轮的上涨。所以，要想捕获大的行情，均线是必不可少的工具，均线是趋势交易者最好的“朋友”。

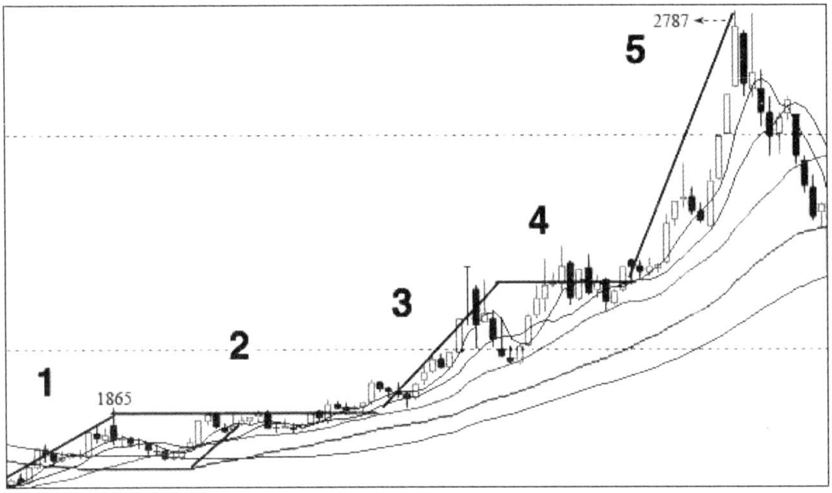

图3－11　螺纹钢1610合约周线图中的5浪走势

趋势指标——长矛兵

趋势指标就相当于我们刚才讲的长矛兵，请大家记住“威武不能屈”，就是单子拿住了坚决不撒手，不到黄河心不死。所以，只要趋势启动了，单子就是“打死也不能平”，不管什么情况都要把单子握住不放。

趋势指标我认为可以指数平滑异同平均线（MACD）为参照，它由双指数移动平均线发展而来，借由快、慢两条均线发散和聚合的形态，窥探当时市场的多空状态和行情可能的发展方向。当

MACD 由负数变为正数时，发出看多信号；当 MACD 由正数转向负数时，发出看空信号。当 MACD 剧烈变化时，即快、慢两条移动平均线的间距正在迅速扩大，这就暗示市场可能出现了大趋势。对 MACD 的实际运用如图 3－12 所示。

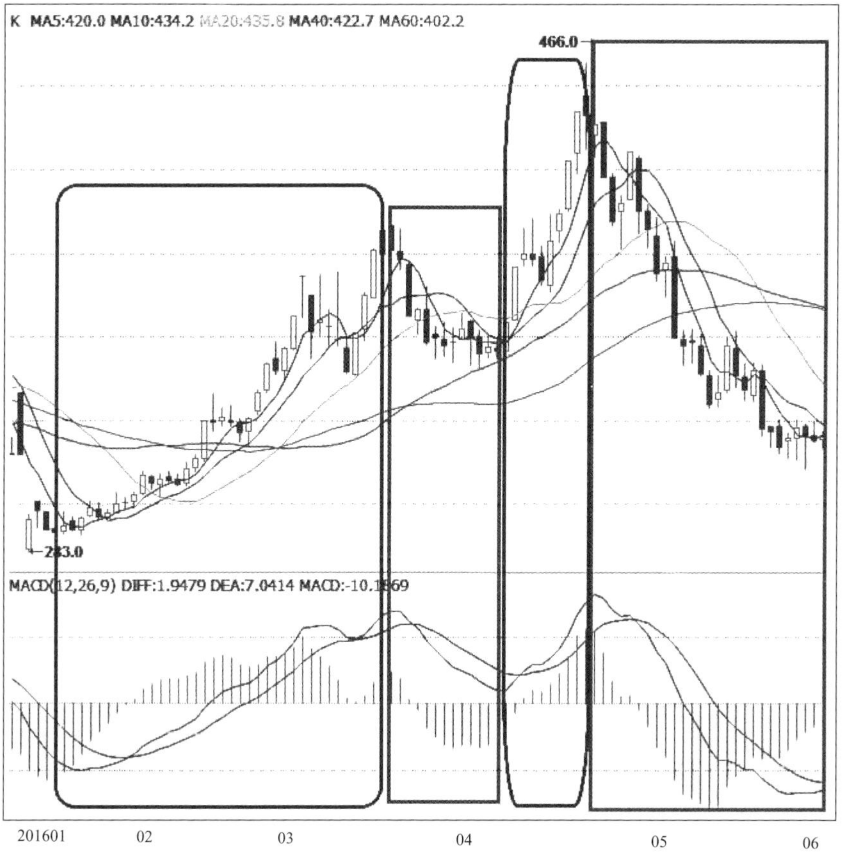

图 3－12　2016 年 1—6 月铁矿石 1701 的走势

震荡指标——短刀手

随机指标（KD）自 20 世纪 50 年代由乔治·雷恩（George C. Lane）博士创立以来，历经半个多世纪，已被证明是经典的技术分析指标。它有如下用法：

第一，K 值与 D 值永远介于 0～100。D 值 >80，行情呈现超买现象；D 值 <20，行情呈现超卖现象。

第二，当 K 值 >D 值时，显示趋势是上涨，因而 K 线向上突破 D 线时，为买进信号；当 K 值 <D 值时，显示趋势是下跌，因而 K 线向下跌破 D 线时，为卖出信号。

第三，K 线与 D 线在 70 以上、30 以下发生交叉，进行买卖比较可靠。如果 KD 黄金交叉发生在 20 以下时，是较佳买点；如果 KD 死亡交叉发生在 80 以上时，是较佳卖点。

随机指标简单易用，D 值在 20 以下时，短线可以考虑买入，在 D 值到了 80 以上的时候，短线可以考虑卖出。

我把震荡指标比喻成短刀手，震荡指标的特点就是低买高卖，这也是做短线最核心的理念。比如，我们要在市场短期跌势最猛的时候大胆买入，在市场短期好转的时候及时退出。投资者如果在短线交易过程中起了贪心，那么带来的后果将会是心态的失衡，从而可能会导致大幅亏损。

实际应用举例

阅读提示

日线 MACD 指标与小时线 KD 指标的结合

如图 3－13 所示，这是橡胶合约的 MACD 日线图，在橡胶上涨的过程中，可以看到 MACD 出现了两次金叉，发出了买进信号，提醒投资者橡胶价格可能已触底。此时，看到各条均线开始慢慢黏合，表明一波上涨行情有可能即将展开，所以这个时候我们制定的策略就应该是一个趋势性策略。

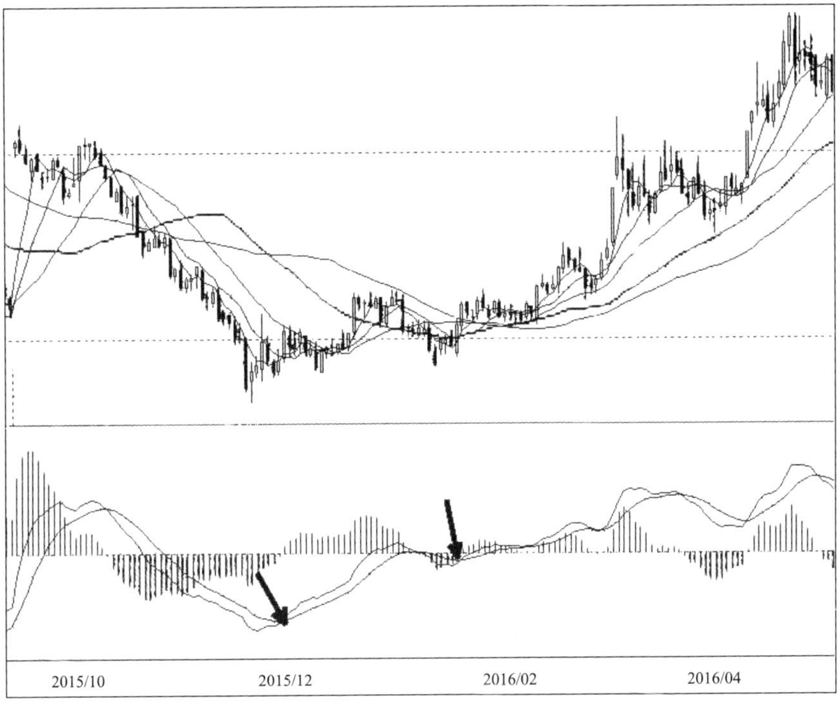

图 3-13　橡胶合约日线图中 MACD 指标的二次金叉

在把握住这个趋势性行情的同时，我也很重视一些短线买进机会。如图 3-14 所示，这是橡胶合约尚未上涨之前的 1 小时 KD 图，图中给出了 3 个买点，短线可以此获利，它的作用就像前面所说的短刀兵；如图 3-15 所示，这是橡胶合约上涨后的 1 小时 KD 图，图中同样给出了 3 个买点，短线买进后照样有收获。所以，不但长矛兵带来了丰厚的收益，在弥补了时间上的成本后，短刀兵也提供了较好的收益。

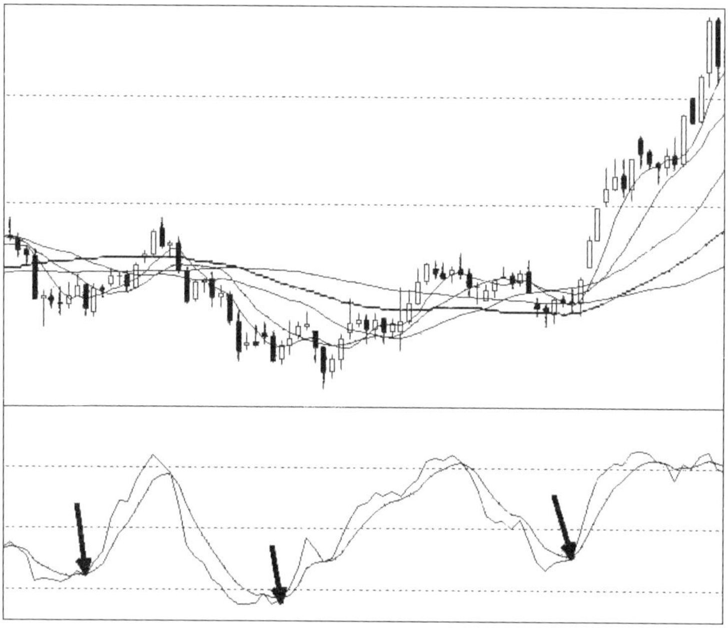

图 3－14　上涨之前的橡胶 1 小时 KD 图

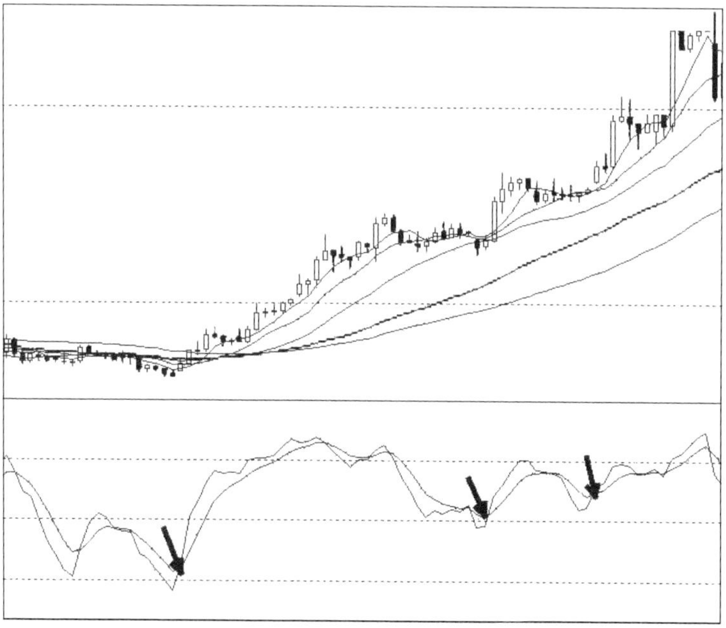

图 3－15　上涨之后的橡胶 1 小时 KD 图

如图3－16和图3－17所示，在豆粕合约的走势中MACD也出现了同样的形态。在MACD两次金叉并向上突破0轴后，该合约迅速展开了一波大的上涨行情；在行情调整的时候短线又提供了获利的机会，这时我们的短刀兵就可以上阵了，以便获取短线的确定性利润。

图3－16　豆粕日线MACD图

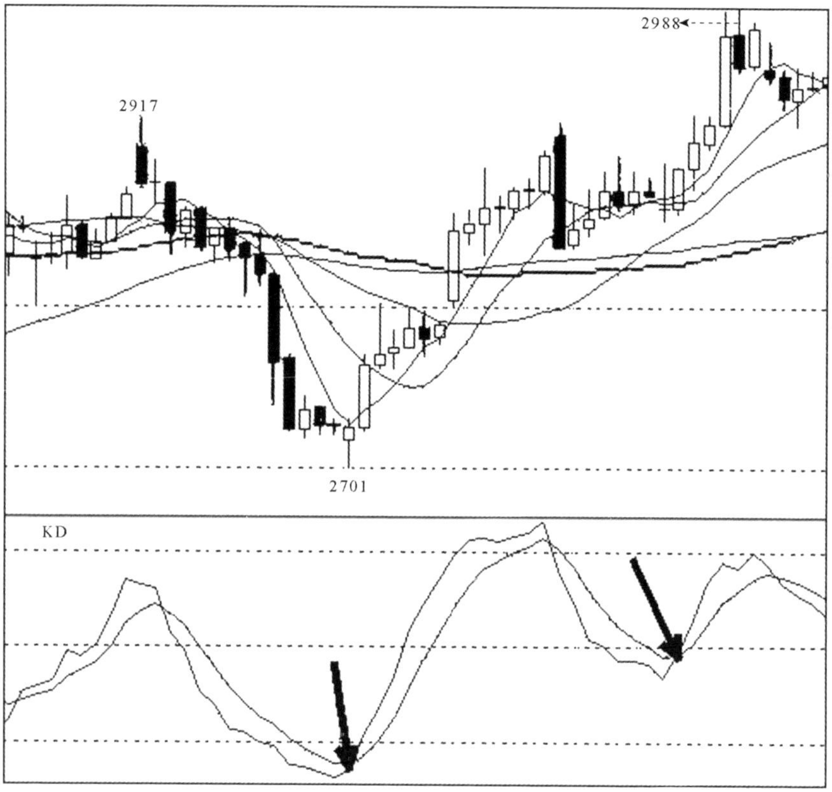

图 3－17　豆粕 1 小时 KD 图

资金管理策略

核心观点

合理仓位的比重

我认为，对于个人投资者来说，阶段性看对行情时仓位也不宜过重，心态不要过于放纵，此时反而要合理控制仓位的比重，不要给自己施加太多获利的压力。对于私募基金经理而言，一个好的基金产品，要求的是各方面相对完美的结合，里面要有多元化的策略设计，严格的风控制度，还有恰当的下单点，所有这些因素结合在一起，才能完美地射中靶点。

在我看来，如果用一辆汽车来比喻的话，对仓位比重的控制就相当于对汽车车速的控制：在平坦的路面上行驶时，车速快些是自然而然的事，危险性也小；在崎岖的路面上行驶时，如果车速过快就容易造成交通事故。所以，如何合理地控制仓位，是一个含金量很高的技术活。量化对冲就相当于汽车的方向盘，运用得好就可以起到平滑资金曲线的作用，同时也能降低资金的回撤幅度。止盈和止损就相当于汽车的刹车系统：遇到危险马上刹车，即清仓，这是止损；路太好，车太快了，容易出现危险，要减速，即逐步平仓，这是止盈。所以，想要开好汽车，就必须熟练地把控方向盘、迈速表、刹车和油门。

在我看来，对仓位的控制是投资领域里最核心的技术。一般来说，年化预期收益和仓位这两者之间的关系基本是1∶1 的关系，回撤幅度和仓位之间一般情况下也会达到1∶1 的关系。如果做得好，仓位和年化预期收益、仓位和回撤幅度之间的比例可以达到1∶3 到1∶10，但这要看个人的技术水平和熟练应用各项策略的程度。仓位的大小是由你的预期收益和资金回撤幅度决定的。

我们公司的基金产品通常采用的仓位比重为：单账户管理在30% 以下，产品管理在20% 以下。20% 以下的仓位，我们管它叫“极度安全仓位”；20% ~40% 的仓位叫“中度安全仓位”；40% 以上的仓位叫“高风险仓位”。这也就相当于汽车的迈速，20% 的仓位相当于车速在40码以内，40%的仓位相当于车速达到100码。如果在道路安全的情况下，汽车可以开到100码以上；如果在市区内或者山路上，车速最好降到40码乃至20码以内。一个好的操盘手，盈亏比达到1∶1是正常的；达到2∶1就算良好；能达到3∶1就属于优秀。在最好的情况下，我们公司基金产品的盈亏比曾到10∶1；在最坏的情况下，盈亏比也达到了1∶1。

上述情况，都可以在资金曲线上得到很好的验证。所以，也可以把期货交易看作自我修行的过程，就是通过优化自己资金曲线的方式来不断地修正自己的观点。在这个过程中，你就会发现，这只是自己的事，与外界无关。在期货交易的过程中，你随时有可能领悟到人生的道理。

期货的境界

核心观点

期货境界的3个阶段

期货境界分3个阶段：初级阶段研究技术分析，中级阶段研究策略分析，高级阶段研究哲学对交易的影响。期货是现实与理想的结合，既有科学的成分，又有艺术的成分。做期货如果怀着一颗功利的心反而可能得不到好的结果。技术分析是停留在形而下的层面上；再高一层讲究研究与策略；到了最高层就开始钻研哲学，要想期货做得好，必须要研究哲学。打个比喻，要想做好期货，就应该一只手拿《金刚经》，另一只手拿《孙子兵法》。

佛教上讲“戒定慧”，其实这也是期货交易中的基本原则。“戒”就是规则、原则，也可以理解为不该做的事。如果想长期稳定盈利，就必须知道什么是交易中不该做的事，比如仓位控制、量化对冲、江恩28条其实都是“戒”的体现。只有严格遵守纪律，在期货这个高风险的市场中才能长期生存。没有“戒”也就不会有“定”，期货市场是以跟随趋势为主要盈利手段的一个交易市场。趋势交易比的就是操盘手持仓的信心，也就是定力。如果定力不足，在期货市场上很难长期盈利。“慧”就是智慧，也就是方法策略。脱离了“戒”和“定”的智慧就是没有根的智慧。所以必须要把三者有机结合在一起，期货交易才能走上健康平稳的道路。

金刚经上说，佛法即非佛法，是名佛法。真正好的策略里面必须包含自我否定系统，但此处所讲的自我否定并不是真正否定自己，而是要求自己要制定风险防范机制，一旦情况有变马上启动自我否定机制，防止出现大的损失，也就是资金不会出现大幅度的回撤。

只有自我否定，才能真正迎来自我肯定。成功也往往是这样，成功之前需要经历磨难，忍受单调、乏味的过程，甚至要忍辱负重。这些经历其实都是获取胜利的必不可少的条件。在这些否定面前，意志薄弱的人往往先放弃了，真正能坚持到最后的人才会成为市场的赢家。这样的人往往是市场上的少数人，如果他不具备强大的心理素质，或者我们可以这样说，如果他没有良好的哲学思维、道德涵养，他就无法承受这么大的压力，也很难等到胜利的一天的到来。这也是我始终强调研究哲学的意义所在。

我身边有很多这样的例子，有些人虽然做了十几年的期货，但还是一贫如洗，因为期货交易从技术分析能力到人生境界的提高，是一次思想的飞跃，其间没有捷径。就我个人而言，开始炒期货时追求的是技术分析，而随着期货交易次数的增多，慢慢感觉到期货交易完全是提高自身素质和人生境界的一个途径，而其中最重要的一点是学会控制自己的欲望。反过来看，制定策略的时候不能根据情况灵活变通，当情况不对的时候还坚持错误的头寸，死扛甚至加大仓位，这些都是“愚痴”的表现。

综上所述，真正的策略分析应该涵盖上述多个方面，它们往往还缺一不可，只有把它们灵活应用，并在实战中不断检验，才能把理论变成真正的技巧，更好地为自己所用。

给期货学习者的建议：初级阶段，学习日本蜡烛图、均线理论、波浪理论、江恩理论、海龟法则、葛兰碧买卖法则；中级阶段，学习《孙子兵法》《三十六计》《鬼谷子》等；高级阶段，学习《论语》《孟子》等诸子百家理论，佛教的《金刚经》《圆觉经》《法华经》《楞严经》《楞伽经》和《心经》，道教的《道德经》，等等。用《金刚经》的话讲，要做好期货一定要超乎期货之外。

延伸阅读

如何提高资金的使用效率？如何让自己在获得长期利润的同时，还能避免资金曲线的较大幅度回撤？相信这些问题大部分交易者都曾思索过。本章作者给出了自己的答案——采用策略叠加的方法，既采用趋势指标与短线指标进行搭配的举措，又采用品种对冲、周期对冲等专业手段，以此来保证资金曲线的平稳增长。仔细看来，本章作者所讲的指标，都是投资者耳熟能详的，并没有任何神秘之处。但是，如何根据自己的实际情况进行合理搭配，以实现稳定获利的预期，就是一门很考究的学问了。在不同阶段采用不同的策略组合，体现了分析问题与处理问题的灵活性。可见，“戏法人人会变，各有巧妙不同”。

本章介绍的技巧帮助作者实现了稳定获利目标，在具体运用相关技巧和方法时，希望读者朋友们不要机械照搬，因为它们仅仅适合作者自己的思路，与作者的思维习惯、性格、经验等有关系，作者用起来得心应手，但是别人却未必。虽然作者的技巧不能照搬，但是其投资思路却值得借鉴。比如，读者朋友们可以参照作者对策略进行叠加的思路，从自己熟悉的技术分析指标中，选取最擅长的趋势指标和短线指标试着进行搭配，然后在实践中不断加以修改，以便找出适合自己风格的、能让自己的资金曲线变得更加平滑的指标组合，这种做法才是交易者在投资之路上可以走的捷径。

第四章

构建交易者独特的精神世界

青泽

小到一天，长到几十年，在投机市场中为什么人和人之间命运、结局的差异那么大？我个人认为，本质上这是由交易者精神世界的截然不同而造成的

为何有人亏损有人获利

核心观点

精神世界决定投资结果

相对于具体的买卖技巧讲解，我认为分享些自己对投资的哲学层面、精神层面的理解可能更有意义。在资本市场20多年的发展过程中，能在这个市场中走得远、活得长的人非常少，人和人之间的差异在哪里？为什么市场中有的人活下来了，无数的人不存在了？具体到每天来看，为什么大家每天都在做交易，从开盘到收盘不曾错过一分一秒，结局差异却这么大？行情一样，为什么人和人之间的交易结果和命运从一天到一个阶段再到几十年都存在巨大的差异？这种差异的深层次原因是什么？我个人认为，这与投资者的精神世界有巨大的关系。当然，这个答案属于个人体会，不一定正确。

在期货交易中，只研究简单的买卖、系统、方法、策略等方面我觉得不能给大家更多的启发。今天跟大家分享一下我自己在日常交易中一直思考的问题。到目前为止，我做了23年的交易，从交易技术理念的角度再向前走，再去培养盘感、技术等方面的能力已经不太有可能了，如果在投资方面想更上一层楼，关注的点应该是在自己的人生境界的提升和精神世界的构建等方面。

与其他行业的评价标准相比，投资市场的其实很简单。让我们先来看一下奥运会跳水比赛的评分标准是如何制定的，跳水比赛成绩的好坏取决于什么呢？首先是跳水动作的难度系数，其次是基于该系数的动作做得如何。如果动作难度系数很低，哪怕动作做得再漂亮，得分也不会很高；如果动作难度系数很高，就算动作做得稍稍有点瑕疵，但因为起点分数高，最终得分也会比较高。但投资并不是这样，投资并不需要追求高难度技术，如果投资之路是从简单到复杂，将越走越复杂，到最后对投资真谛的理解可能不是越来越接近，而是越来越偏离。就像老子所说，“为学日益，为道日损”。

在投资市场中人和人之间的差异很大，此处我并不是指体形外表的差异，而是投资者的思想、精神境界、胸怀格局、对世界的理解、对市场的理解、对交易的理解的差异，虽然这个问题看上去有些虚。很多投资者问过我问题，这些问题非常具体，比如当前市场如何，哪个品种有机会，对这些问题我当然有自己的看法，包括任何一个品种的市场状态、交易策略，但这样的交流并没有意义，因为即使你根据我的想法阶段性赚到钱，对于咨询我的人来说也是没有意义的。如果投资者没有一套完整的包括对市场的理解、交易理念、策略、工具、心态等方面的交易体系，对于个人来说，这种财富只是在你手上短暂停留而已，你无法最终拥有。

对于脱离交易行情的层面而上升到更高层次的交易理念，甚至到精神境界层面的话题，很多人其实是不感兴趣的。但是对于我来讲，交易之路越走到后面越发觉这些问题的重要性。世界观、价值观的问题对投资者的最终结局起到了决定性作用。在投资生涯中一时的成败算什么？期货市场是个杠杆“游戏”，如果理念端正、思想端正、三观端正，赚点钱我感觉没什么难的。如果你对投资之道没有根本性的领悟，在我看来挣了钱还不如不挣。因为这样赚到钱不是帮人反而可能是在害人，导致大多数投资者在期货市场里最终会把本金也全部赔掉。说句极端的话，从某些方面来讲，如果一个投资者花 10 年时间把钱赔掉还不如花 3 个月时间把钱赔掉，因为彻底赔了就可以死心塌地去干点别的事情，人生倒也不会被耽误。

何谓交易者的精神世界

核心观点

哲学思维层面——投机需要哲学智慧

心理、情感、行为层面——投机是一个漫长且痛苦的修炼过程

信仰层面——投资是一种信仰

有朋友曾这样说过，成功投资者的精神世界应该具备军人的纪律、商人的精明、诗人的想象、僧人的淡泊。这当然有道理，真正优秀的操盘手确实需要具备综合性的素质，因为不具备综合性的素质，只能阶段性赚到钱，你的判断和行情走势只是阶段性相吻合而已，当下一个阶段让你再来一次成功的投资之旅时你会发现你做不到。为什么？因为当初赚钱具有很大偶然性，运气不可能永远眷顾某个人。我觉得成功操盘手需要具备综合素质，但不是上述几个品质的简单相加。诗人需要具有充分的想象力，感性而有激情；但僧人肯定不能天马行空。一个人身上同时具有这些品质我认为是不太可能的，因为它们有相互矛盾之处，如果生硬地把这几个不同的性格特征组合在一起，我想我们会神经错乱，无所适从。

我想从哲学思维层面，心理、情感、行为层面，信仰层面等 3

个角度来谈谈我对交易者精神世界的粗浅理解。当然，这只是我个人多年交易经历的体会，不一定对，能起到抛砖引玉的作用，我就心满意足了。

哲学思维层面——投机需要哲学智慧

阅读提示

市场的本质是什么

哲学是观察世界的角度学、思路学

哲学思维对操盘手的成功很重要

市场的本质是什么

在我看来，哲学家做投资很可能是不行的，因为投资不但是一门科学，还是一门艺术。很多人说投资是一门哲学，这话说得不全面，投资涉及科学、技术、量化等方面，没有这些技术层面、知识层面、经验层面的积累，交易肯定做不好。如果把投资看作一门纯哲学学科的话，有很多问题科学方法却解决不了，但把哲学看作辅助性的指导工具却是可以的。

为什么培养哲学思维会对投资者的投资、人生都非常有价值呢？为什么大多数投资者会赔钱，成为最后赢家的人很少？抽象地讲，成为输家或许是智慧不足。很多投资者不但对市场的认知是错的，对交易的认知也是错的，在我个人看来，可能他们对整个世界的认知都是错的。由于市场是世界的一部分，正是因为世界观的错误，导致投资者对整个市场、对交易的理解偏离正轨。个人认为，大多数投资者失败的重要原因是其对世界的理解有问题，本质的原因是哲学观有问题。为什么这样讲？因为哲学就是世界观和方法论。

我在北师大学的是哲学专业，刚开始做交易时认为哲学对我一点用都没有，自己在市场里纯粹是做短线交易，买进卖出，追涨杀跌。那个时候初生牛犊不怕虎，赚了大钱，因为胆子大，敢赌。1995 年就赚了 690 万元，在当年这还是很大的一笔财富，但是后来又把钱全部赔掉了。钱赔掉后自己觉得不对，这是怎么回事？辛苦了七八年，曾经赚过这么多钱怎么又都赔回去了呢？后来我开始深刻研究并反思投资之道，从 1997 年开始，我一直在做一件事——思考我是怎么把钱赔掉的，又有什么办法能再把钱赚回来。我的投资经历可以分为两条主线：一条主线是一直在交易，赚赚赔赔，与市场搏斗；另一条主线是一直从精神层面探索投资的成功之道，在市场中存不存在“道”？有的话到底是什么？这是我到现在为止一直在做的事情，活到老学到老，只要思考就会有新的感悟和体会。

为什么要谈世界的本质、市场的本质等问题呢？哲学有两个观点，认识世界，认识自己；投资也是这样，认识市场，认识自我。如果对自我认识清楚，对市场也有很深刻理解的话，我想交易做不成功是不可能的，在我看来，交易做不成功一定是对这两个方面的理解有问题。

市场到底是什么？马克思主义哲学用 3 句话就可以概括：世界是物质的，物质是运功的，运动是有规律的。投资者想在股票、期货市场赚到钱，那么怎样赚钱是最有效的？一般人都会这样认为，低位买进，过两天行情涨了，那么抛出，吃到差价，当然判断错了就会亏钱。市场每天都在运动，按照马克思主义哲学的观点，运动是有规律的，那么市场的运动也应该是有规律的，谁找到规律，财富自然而然就来了，找不到规律或者发现错的规律就会亏钱。所以，在上述思想指导下，投资者就认为：交易要想成功，就应该把所有精力花在寻找市场价格运动的规律上。我也曾经这样想过并干过，无非是利用各种市场分析工具，比如从技术面分析、基本面分析到各种神秘古怪的方法等来判断价格走势。但是，日本、西方的市场分析工具有千万种，想要学可能一辈子都学不完。

这样过了很多年发现自己还是无法对市场走势准确判断，再到后来发现价格运动有时有规律、有时没规律，就发现马克思主义哲学在自己的投资实践中无法有效运用。没办法，自己只好去看看中国古代的哲学，试图找到一些灵感。老子曾说过一句话，“道可道，非常道”。这是什么意思呢？“道”可以理解为道路、规律。这句话是说如果道可以被发现并且能够被讲清楚的话就不是永恒的规律。按照老子的说法，市场的运行应该没有规律，因为如果有规律的话，你能发现别人也能发现。我们知道期货交易是零和游戏，当你按照规律买进的时候，总要有个投资者违反规律卖给你才能成交吧。所以，老子给我们的启发是，金融市场本质上的不确定性是天然存在的，市场不可能存在永恒不变的规律等着你去发现，然后把所有钱都赚了。

看来中国古代的哲学也无法保证稳定获利，自己该怎么办呢？于是我开始研究康德和爱因斯坦的哲学。康德是德国哲学家，是人类哲学历史上的一位伟人。康德哲学与马克思主义哲学有何区别？对于世界，康德认为看到的只是一个现象，现象背后的本质是不可知的，我们看到的只是本质显现出来的现象，永远不可能掌握现象背后本质的东西。从康德的视角来看，世界的规律——本质不是天然存在的。

如图 4-1 所示，这是一个色盲检测图，正常人能看到里面有一副眼镜，色盲者却看不到。套用到哲学上，一般的哲学家会认为，这个世界如果你使劲去寻找，就可以找到眼镜，谁找到眼镜谁就掌握了真理。

图 4-1　色盲检测图

从康德和爱因斯坦的角度来看，世界不可能存在这样一副眼镜（本质）。经过思考后觉得康德的话非常有道理，我后来的投资哲学包括我所有的投资策略、投资理论都是建立在康德的先验哲学基础之上的。爱因斯坦提到先有理论后有观察，真理不是发现而是发明。发现和发明有什么差异？发现是东西已经存在只是你不知道而已；发明是这个东西根本就不存在，是人们创造出来的一个新东西。例如 iPad，在世界上它本来不存在，是人类想象力的产物。所以，世界的本质不是本身存在的，而是人创造出来的东西。这种解释对投资来说也非常有意义，在市场操作时，你我都在市场内交易，为什么交易行为差异很大呢？是因为内在的思想观念不一样。正是因为我们思想观念的不一样，导致我们看到的世界不一样，我们交易的行为、动作就不一样。

所以，无论是爱因斯坦的广义相对论也好，还是狭义相对论也罢，都不是观察和理解自然现象后的产物，而是一种理论的发明和创造。这种理论的发明和创造正确与否在当时也得不到科学的验证，直到一百年后利用现在的科技才有能力去证明。所以说世界也好，市场也罢，更多的是需要我们自己去创造理论，去解释这个世界，去解释这个市场。如果你从统计学的角度、从经验的角度来研究市场，得出了市场的规律，并且仿佛市场真存在这样的规律，和你创造一套解释市场、理解市场的理论，我觉得这两种思维方式是不一样的。我觉得这种思想非常深刻，从此以后我开始从经验类哲学转向先验主义哲学。

举个简单的例子，地球为什么有经纬度？有了经纬度以后，城市、飞机、轮船定位就非常准确了。但经纬度本身是一种科学吗？其实不是，经纬度创造出来的时候带有很大偶然性，因为我们需要经纬度来理解世界。经纬度是人创造出来的东西，只要约定俗成，我们就有共同语言。

我们在市场交易中面临同样的问题，市场在大家面前都是一样的，市场不会告诉你何时买入、何时卖出，只有你自己能告诉自己，自己该如何告诉自己呢？需要你对市场、世界建立一套标准和规则，只有对市场、世界进行定位后，才能去理解目前的市场状态，从而制定出相应的交易策略。所以市场不会告诉你应该做什么，实际上是自己告诉自己。康德提到，人为自然立法。我认为作为一个金融投资者就是人为市场立法，这个市场到底是一个什么样的市场，你必须告诉自己，给市场一个合理的定位。

所以，按照先验哲学理论，先有理论后有观察。心理学上有两个概念：自发注意与自觉注意。自发注意是指头脑、身心是清空的，实际上是外在世界在控制着你的思维、心理；自觉注意是什么东西呢？标准很清楚，我很清楚哪些品种不要去看，哪些品种应该重点关注。为什么？因为我有标准，有了标准后不该看的东西就能够不去看。

我带的学生首先要能接受我的哲学思想，我需要给你“洗脑”，因为在我看来你的世界观、价值观都是不对的，“洗脑”后你才有救。其次我会给你一套理解市场、理解交易的规则，你用这套规则去体会市场、观察市场、理解市场。先有标准后有投资，先有理论后有观察，这是先验哲学的基本思想。无论做交易还是教学生，我都依据这套基本的投资理论、投资思想。

先验哲学是理解市场、理解世界的基础，投资者对市场的理解往往与他的哲学观念有关系。如果你相信“世界是有规律的”这样一种哲学，并且以此去理解市场的话，我认为是已经误入歧途。我自己至少走过很多年弯路，总以为成功的投资就是找到了规律，后来发现市场永远是不确定的。这种不确定性规律是不可能完全掌握的，掌握一部分在概率上倒是有可能的。另外，如果市场运动只是一种概率、一种可能性的话，那么风险与回报的比例就必须考虑到。为什么？因为仅凭概率来判断市场走势的成功率不是很高，在市场中想获得成功，必须加上盈亏比。在交易策略上你要更具有优势，要试着把几种优势叠加起来。

哲学是观察世界的角度学、思路学

不同的哲学思想让我们对世界的理解有非常大的不同，以期货市场中的伦铜为例，伦铜从3000美元涨到8000美元的过程（见图4-2），市场趋势一直向上，在此过程中，是谁一直在做空，做空的人真有那么不理智吗？我认为不应该这样理解。

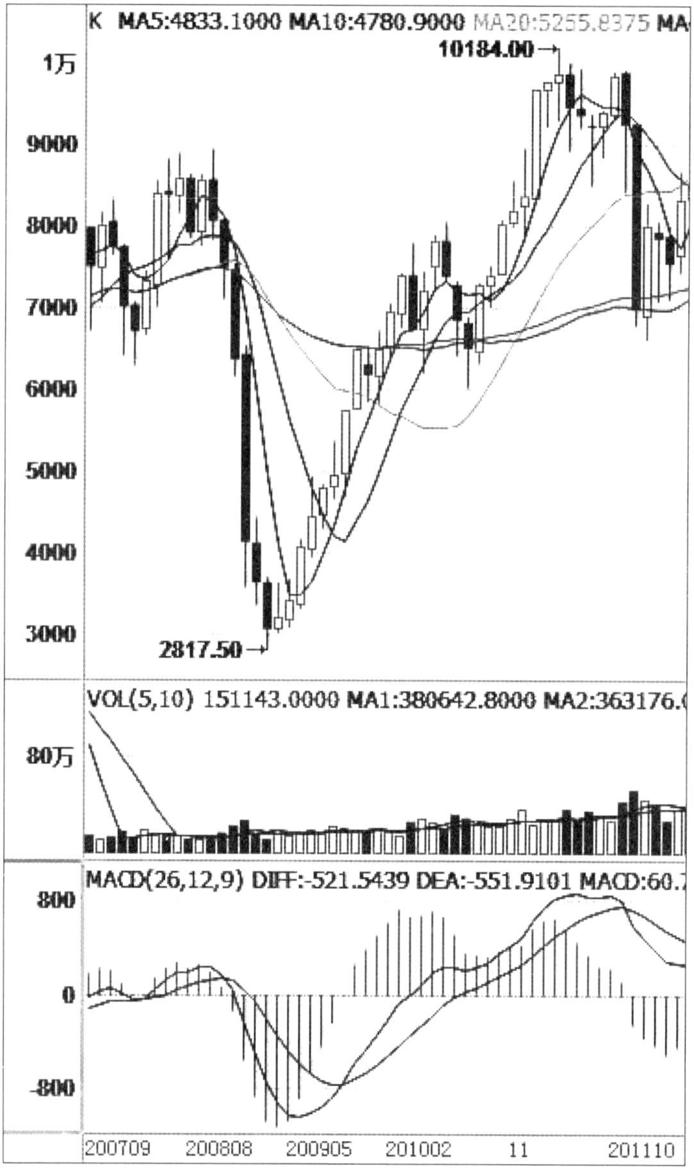

图4-2　2007—2011年伦铜月线图

我个人反而觉得做空的人可能是比较理智、比较聪明的，为什么呢？期货既是一个风险管理工具，也是一个投机工具。从风险管理工具的角度来讲，现货企业需要参与期货交易，比如对铜的现货企业来讲，套期保值肯定是一个规避风险的有效手段，假如成本在2000美元，当价格涨到3000美元，涨到4000美元，涨到5000美元时，售价已经超过了成本，能卖出去就会获利，只要不过度卖，有多少买盘就套保多少，那么此时的卖出行为对该企业来说是非常理智和聪明的，从成本和收益的角度来说也很合算。

在任何市场中，价格的趋势性运动都不可能是直线运动，都是曲折的。在这个过程中，参与交易的投资者也分很多种，有日内交易者、中线交易者、长线交易者，还有量化投资者等。在最迅猛的上涨行情中，短期的反向运动的幅度也非常惊人，我记得很清楚，伦铜价格在3000美元左右的时候，一天内就跌了300个点。假如有人做短线交易，在价格下跌的过程中去做多，亏了就止损，做对了就是暴利，这样的交易方法，虽然在我看来是火中取栗，但这是人家自己的钱，愿意这么做倒也无可厚非。所以说，在价格上涨的过程中做空的人其实有很多种，日内的或者套保的或者其他等，所以我并不认为做空的人是不理智的。

伦铜从3000美元涨到8000美元，事后看价格涨了很多，从这一点来看，提早做空对套保者来说并不是很合算。在价格上涨的过程中，如果一个趋势交易者在3000美元买进、在4000美元买进，或者在5000美元买进我也非常理解他，因为市场上涨的趋势很明显，只要在上涨的过程中没有见顶的迹象，那么，他持有这些多单，甚至在更高的位置去追买，我觉得都是在趋势交易中很明智的行为。

所以说同样的市场、同样的点位，有人买进肯定有人卖出，到底谁对谁错，并不能以局部范围内市场价格的涨跌作为评价标准，当然也不能因为亏了钱就认为此人的理论体系有问题。同样的市场大家都在交易，买卖方向相反不是因为个人之间的矛盾，实际上是因为个人价值观、世界观的不同，导致人们对市场的理解出现偏差，由此形成的投资理念的差异就非常大。趋势理论者理直气壮做多，在某些阶段技术分析人士因为乖离率太大的话做空也是完全合理的。所以，价值观、世界观的差异直接决定了交易行为的差异，直接决定了投资者的交易成败。

比尔·威廉姆斯曾在《混沌操作法》里说："没有任何交易商，无论是机构或是其他什么人，是在一个客观的市场中从事交易，我们交易的是我们的信仰。"投资一定有信仰的成分，因为投资不完全是科学，科学和哲学解释不了的问题，只能用信仰来解决。

我的看法是，这句话也许应该改为："没有任何交易商，无论是机构或是其他什么人，是在一个客观的市场中从事交易，我们交易的是我们的理论、观念、信念。"实际上我们交易的不是客观的市场，客观的市场每天显示的内容应该是完全一样的，导致我们的交易行为也应该是一样的，但我们每天的交易行为差异很大，所以我们交易的不是市场，而是内心世界的观念、信念。

市场交易这场战争的背后是投机者之间世界观、价值观的不同，世界观、价值观对一个人的行为有根本性的影响。

哲学思维对操盘手的成功很重要

期货交易问题无数，答案很少！投资者如果不是有全局观、系统观的话，有可能永远将是市场的奴隶。请投资者自问下面的问题：

我为什么要做期货？期望在期货市场中得到什么？

我的个性是否适合交易？

投机是一门科学还是艺术，或者是哲学？

市场价格运动有规律吗？

基本面分析有用吗？

技术指标的创造者自我否定，这些工具还值得信赖吗？

周易八卦、江恩等神秘理论能够准确预测市场吗？

市场预测、风险管理和心态哪个更重要？

短线交易、程序化交易、长线趋势交易哪个好？

什么样的风控方式、止盈策略比较合理？

什么是市场趋势？如何判断市场趋势？

突发性事件来临之际我们怎么应对？

投资这门课最难教的是系统观，人成长的过程，或者对市场认识的过程，或者对自己的认识过程，都是由点到面的过程，对点的认识、局部的认识都是比较容易的，把无数的对细节的感悟整合成系统的对市场、对交易的深刻认知是件非常难的事情。在期货市场里面，没有系统观、全局观，你永远只是停留在点的层面上。

比如，好多投资者问我对行情的看法，对我来说行情真没有什么可讲的，行情做进去后，无非就是错了就砍仓，对了就加大头寸继续拿着。当然，我也没有能力能够完美预测行情，你问我某个问题，我就回答某个问题，我觉得对牛弹琴不是牛的错，肯定是弹琴人的错。

对交易中的很多问题的解决都要建立在自己价值观和投资理论的基础上，比如基本面分析和技术面分析，一个是讲财务报表，另一个是研究价格的长期运动规律。我比较重视市场的短期走势，为什么？因为通常我持仓的头寸很大，而短期内的走势基本面解释不了，由于担心持仓的安全性，所以我需要时时盯盘，一旦觉察到风险来临我就要跑，但是对于长线基本面投资者来说，因为长期看涨就不会平仓，就有可能因爆仓而死掉。

进入资本市场这么多年，如果说我自己对投资有一些认识，水平有一些进步的话，无非就是对市场更加了解，对自我个性更加了解，对各种投资理论的局限性及自己理念的局限性更加了解，对自己的投资心态、投资目标、未来人生等方面更加了解。因为自己交的学费多，经受的痛苦多，经验教训也就多些，对市场的整体理解稍稍比新手们略微深刻些。当然，取得这些进步也是很困难的，因为对投资理念的建立其实是从量变到质变的过程。投资生涯就像上楼梯，最开始从第一层向上走，你会发现楼梯永远走不完，当你以为到顶时，却发现楼上还有楼。所以，就我个人的观点而言，金融投资市场分为“会”与“不会”两种可能，没有中间状态。我为什么会这么极端的去理解呢？因为期货市场的问题很多，答案却很少。

做了多年交易的投资者，对市场肯定会有自己的看法，对市场的价格走势、风险管理、人的自我心理控制等方面，会积累各种似是而非的经验教训，就会慢慢形成自己的投资理念。系统的投资理念的形成就像自行车的链条一样环环相扣，自行车的运行需要链条保持完整，一旦链条被拿掉一节自行车是骑不了的。进入市场这么多年，我其实是在打造一小节、一小节的小链条，尽管打造过程非常漫长，但如果打造完它们不能形成一个封闭的圆环的话，每条单独的小链条对我而言是没有意义的。

任何一个系统里面的某一个子要素，如果不从系统的角度看，有时难以阐释清楚，讲这个点是一个道理，讲另一个点是另外一个道理，并且这两点单独来看有时还是相互矛盾的。但是从系统的角度来说，如果要构建完整的交易系统，就需要各个子要素能相互妥协，以达到整体的平衡。系统的构建过程是从量变到质变的一次飞跃，这是一件非常困难的事情。如果把投资看作一个二维的迷宫的话，真正要看透这个二维图就需要投资者站在三维的高度上来看，也就是站在更高的维度上来看，此时出迷宫的路就会很清楚，但对于身处迷宫中的人来说却很难走出去。

系统观的思想，不只是金融市场合格操盘手的基本素养，生活中要做好任何事情，系统观都很重要，不要拘泥于某点，否则就会一叶障目不见泰山。在投资市场中与系统有关的问题要从逻辑上进行梳理，以便构建一个有机的整体。期货交易是一个系统、动态的控制过程，需要整合投资（机）目标、市场体系、交易策略、买卖工具、心理控制等诸多要素为一个有机的整体。

对投资领域的哲学探索，对我后来的投资生涯帮助很大，无论是对市场本质的理解还是从不同角度去看这个市场，我都获益匪浅。得益于这种深层次的思考，让我树立起投资领域的大局观，让我对单笔交易的得失有了不同看法。单笔交易重要吗？很重要，它会影响你的经济状况、当时的心情，但从投资长河角度来说它又是没有意义的。

心理、情感、行为层面——投机是一个漫长且痛苦的修炼过程

阅读提示

利弗莫尔的启发

弗洛伊德的思想

真正交易之道

性格决定命运

做了这么多年投资，最大的体会是投资本身可以用白岩松的话来讲——“痛并快乐着”。无论你做了多少年的交易，当你的交易面临阶段性失误的时候，你肯定会郁闷。对我来说郁闷是暂时的，市场不配合也好，整体市场走势趋势性不强也罢，失去的资金都是暂时的，体系上的优势足以让我能把这些钱再赚回来，从这个角度来说，暂时的失败没有这么悲观。不只投资亏钱会痛苦，赚钱也会痛苦，因为赚钱的过程是个不确定的过程。无论做了多少年投资，不管你的经验多丰富，体系多完善，投资总是个让人内心痛苦煎熬的过程。

意外总会发生，以前发生过以后还会发生，只希望自己别赶上就行，意外出现时人们基本上是没有能力保护自己的。所以，投资只要做下去，过程永远是痛苦煎熬的，这不仅仅是我个人的心理状态，所有的基金经理同样会面临这样的痛苦和煎熬。每个操盘手都有自己的交易理念，每个理念都会阶段性的适应和不适应市场，这

就会产生痛苦。

投资者的内心世界要从情感、心理状态角度来说，实际上是从动物变成人的过程。刚开始做交易时是动物的本能起了决定性作用，为什么？刚开始做投资时无非是从众，无论是股票还是期货，本质上投资者进行决策的核心动力是动物性的，体现了人性中动物性的一面，比如恐慌、贪婪、侥幸、恐惧等心理，它们起了很大的支配作用。后来学费交多了，投资者就会变得老实规矩了，不再冲动，同时学会了用规矩来约束自己，比如要止损、顺势而为、做热门品种、把仓位分成 N 等份等，以便让自己在市场中存活的时间能更长久些。

我的投资之旅并非一帆风顺，一开始确实赚了很多钱，但后来又都亏进去了，我真把自己弄迷糊了，不知道应该怎么做交易才是正确的。后来看了江恩的书，看到了江恩的 28 条交易规则，我抛弃了自己的经验，开始反反复复背这些规则，完全按照江恩的理论来做。一段时间后，我发现自己不会做交易了，因为遵守这条规则的时候就违反了那条。所以，系统观没建立之前，很多细节都会对你进行制约，我想它们之间应该是相互协调和妥协的关系。当对投资的认识和思考没有达到一定高度和深度的时候，你只是机械地遵循这些细节性的规则去做交易就变得非常困难，可能最后会变得无所适从。考虑清楚了这一点，我决定还是利用自己的动物本能来做交易。

利弗莫尔的启发

“作为一个投机者，自我认识越深刻，就越能够超越自己，交易取得成功的可能性也就越大。”作为一名期货交易员，交易结算单是期货交易生涯最真实的记录!

告别了江恩理论之后，我开始研究杰西·利弗莫尔的书。杰西·利弗莫尔是一位真正的交易员，他大起大落的人生，他按照市场趋势去做交易，他的风险管理原则，他那四起四落的交易生涯，他的心理演化过程，等等，都深深触动了我。后来我又看了很多这方面的书，基本情况是晚上看书，白天按照这些理论进行操作，所以我才会说20多年的投资历程是一个内心痛苦挣扎的过程。当我按照相对成形的交易理念去操作的时候，能决定我投资命运的就已经不是我个人的意愿了，而是市场外在的条件。到了这个阶段，就算交易出现亏损，自己认为亏了就亏了，这只是暂时的现象，自己有能力再赚回来。

弗洛伊德的思想

弗洛伊德的思想，对我在几十年投资生涯中所形成的思想起到了净化作用，让我从原来完全的自我放纵慢慢过渡到刻板严谨的自我约束（见图4－3）。但是，自我约束并不意味着要扼杀创造性。期货交易如果没有创造性，没有自由的话，就会非常刻板和机械，这并不符合我的个性。交易者一定是有个性的，作为期货操盘手，除了要遵循市场的基本法则，要顺应市场的趋势外，还要发挥自己的个性和创造力，否则和其他投资者就没有什么区别。

对投资者而言，期货交易有很多幸福的时刻，但大部分时间都是一个痛苦挣扎的过程。为什么这么说？我在《十年一梦》里曾写过，期货市场是一个浓缩的人生，也是一个放荡的人生，期货市场一周或者一年体会到的喜怒哀乐，必然会对你的内心世界造成巨大冲击，让你一会得意忘形、一会心灰意冷。《十年一梦》中的“十年”

是我带着我的团队，一起徘徊在天堂与地狱之间的“十年”，没有一个行业比期货能让我体会到的东西更多，期货给我很多教训的同时也给了我很多智慧。我认为，人生的体会应该是来源于痛苦。

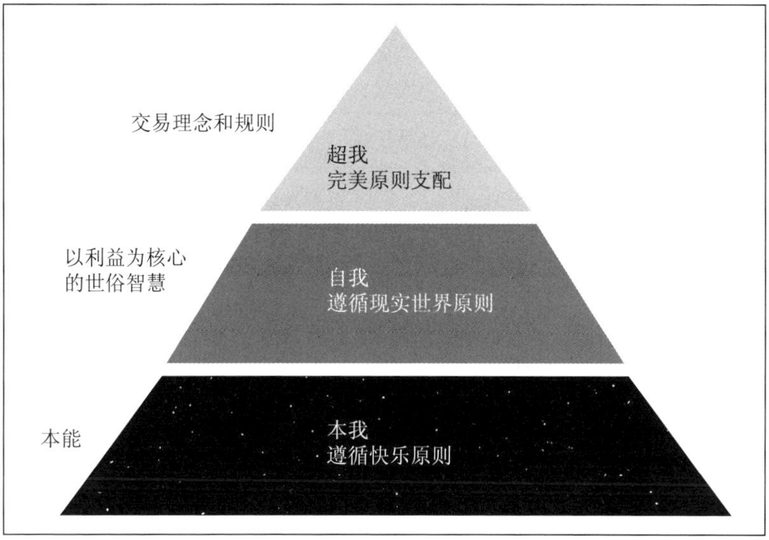

图4－3　弗洛伊德意识理论和交易世界的驱动力

真正交易之道

我认为，真正的交易之道，是知道、悟道、得道的过程，其中“知”居第一位。对于“知行合一”的观点我有不同意见，首先的问题是人们根本不知，知远远不是了解一点简单的知识那么容易做到的。你真正了解自己是什么样的人吗？这个问题如果不解决，何谈“知行合一”。你以为你要知的是什么？知是顺势而为吗？如果认为这就是知的话，这种认识就太浅薄了。自己在什么行为下会出现什么样的反应，如果你对此有非常深刻的认知，知道什么样的行为不对，什么样的行为对，经过无数次重复后，或许才会领悟交易之道。具体情况见图4－4。

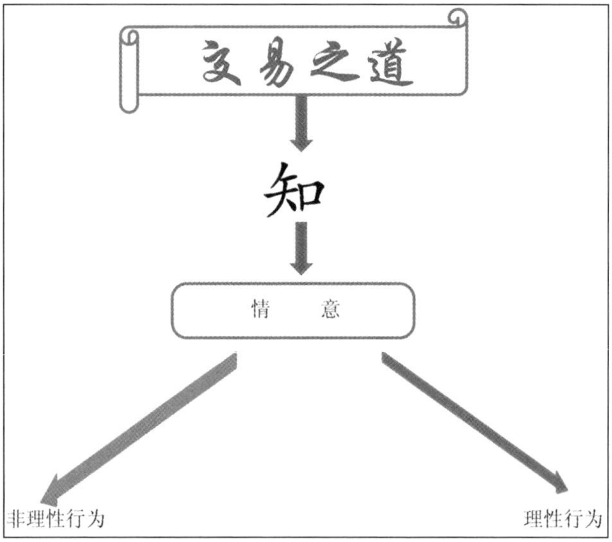

图 4－4　交易之道

在我看来，违背交易之道的常见行为有以下 5 种情况：

（1）自我控制力不足而强行交易。“滔滔江水，只取一瓢”的修养和境界没有达到，看懂的行情和看不懂的行情都做，操作思路不清晰，导致亏损。具体情况见图 4－5。

图 4－5　大豆的无序震荡行情

（2）该动手时不敢动手。在市场交易中，投机者应该做出正确的决策，而不是做出让自己感觉舒服的决策，因为心理上感觉很舒服的交易，结果往往不好。当系统提示应该出手时，虽然此时心里可能感觉别扭，但是也要敢于下手。具体情况见图 4－6。

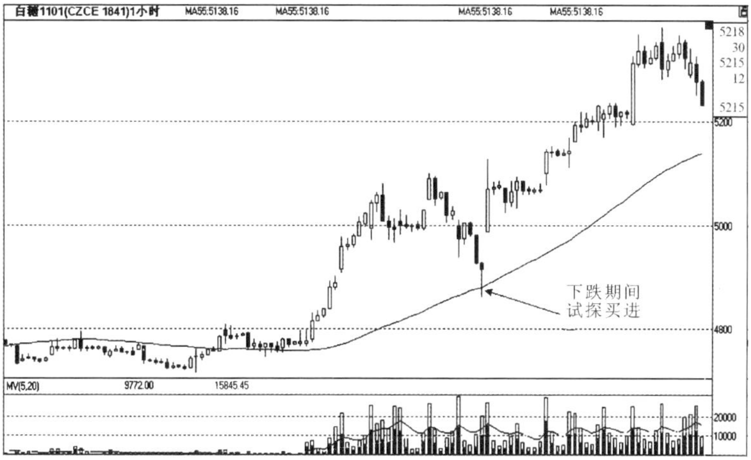

图 4－6　白糖 1101 合约 1 小时走势图

（3）趋势单子拿不住。比如国债期货 319 合约，事后来看，上涨趋势很明显，但有些人赚点小钱就跑，害怕一不留神这点小钱出不见了，忙忙碌碌几个月，回头一看，涨了这么多，自己却没有赚到多少钱，手续费倒是上交了不少。具体情况见图 4－7。

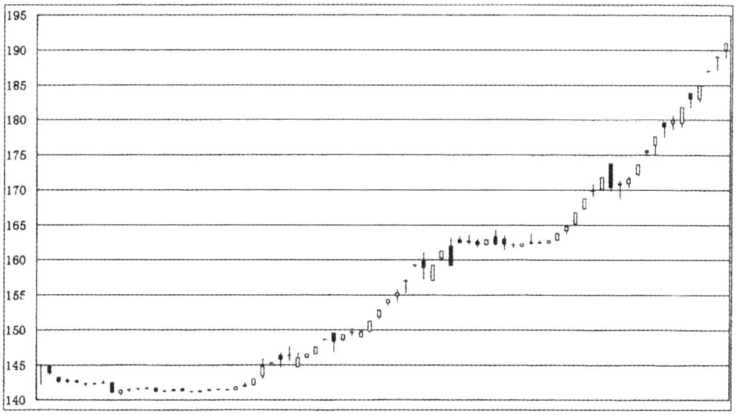

图 4－7　国债期货 319 合约走势图

（4）交易风险出现时心存侥幸。市场明明已经有过一段急速上涨行情，当出现危险信号时，仍然故意忽略，不愿意止盈或止损。具体情况见图4－8。

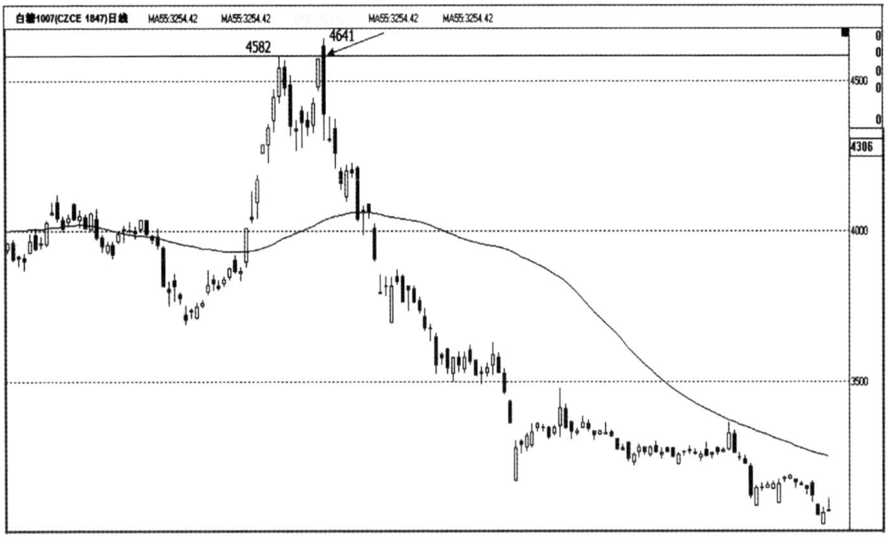

图4－8　白糖1107合约日线走势图

（5）心理、心态失衡（常人难以逾越的门槛）。赚钱会让人情绪激昂，赚得越多，自我感觉就越好，也就容易受到情绪的控制，有时会违背既定的交易规则，导致行为过于激进；赔钱也可能给投机者带来负面作用，例如过于冒进、赌性大发等。

以平和心态赚取大额收益是成功投资者的一种修养和境界；而其他过于激进、过于富有进取心的投资者，其投资成绩的起伏反而是相当巨大的，不少人无法保住已有利润。

即使你拥有极高明的交易技术和最完善的资金管理策略，如果不能严格遵守既定规则，你也无法在市场中获得成功。

性格决定命运

在我看来，“知”是最难做到的，因为要对自己的意志力有清楚的了解。我这个人最大的缺点就是狠，做单子有时太狠了，看好行情后往往会提前动手，结果就是在幸福没到来之前要先品尝一下巨大的痛苦。这是自己性格上的缺陷，没有强大的意志力，较难改变。俗话说性格决定命运，在没有改变自己的性格之前，我就只能忍受这样的痛苦，接受这样的命运。所以说交易员的性格很重要，当性格不适合做交易时，要么改变自己的性格，要么离开市场。

几年前看过日本新渡户稻造博士写的《武士道》一书，书中记录了一段描绘日本历史上 3 位名人个性的对话，很有意思。这 3 位名人分别是：织田信长、丰臣秀吉、德川家康。在日本历史上他们都是性格非常典型的牛人，让我非常崇拜。后来发现在我投资生涯的性格演化过程中，基本就体现了这 3 个人的性格特征。

织田信长：“杜鹃啊，你快叫，不叫，就杀了你!”

丰臣秀吉：“杜鹃啊，你快叫，不叫，我总会想法子让你叫!”

德川家康：“杜鹃啊，你快叫，不叫，我就一直候在这里，你早晚会叫的!”

织田信长的性格极其强悍，做事有一股子冲劲，我早期做交易时也是这样，我需要赚钱，需要打败市场，市场不涨我就不砍仓，直到最后被市场消灭为止。后来我发现这种性格不适合做交易，开始慢慢向丰臣秀吉的性格改变——杜鹃你快叫，你不叫我总会想办法让你叫。其实，这时我还是想让市场按照自己的意志走，用计谋来对付市场。经过一段时间的磨炼后，我发现顺应趋势是最简单的方法，而从性格角度来说，投资成功一定是内外因素结合的结果。

比如，2012—2014 年赚大钱的人非常少，为什么呢？难道说牛人这两年的投资水平下降了？不是。因为 2007 年的牛市过去后，整个市场的趋势性、波动性开始减弱，市场提供的获取暴利的机会少了，谱写传奇故事的人也就少了。

作为一名投资人，我觉得德川家康的性格是最适合做交易的，外在条件不允许做交易时，投资者不能强行为之，有思想、有体系、有理论还需外在条件配合，才能取得成功。在日本武士的培养过程中，格斗技巧的教授、体能的训练，固然不能说不重要，但更重要的是对武士的人生态度、品格意志的培养，包括超然物外、淡泊名利的精神境界，从容不迫而又果断无畏的牺牲精神和行动能力，壮士断臂的勇气，对痛苦的超强忍耐力，等等，这一切不正是一个典型的期货操盘手必备的个性特征吗？

按照我的理解，投资者是“行者”“忍者”而非“学者”“智者”，行动而非夸夸其谈、实践而非理论是职业投资者的本质特征。

信仰层面——投资是一种信仰

阅读提示

如何看待各种投资理念

没有人同时有多个信仰

如何看待各种投资理念

每一种投资理念都是对市场的一种解读，都向我们展示了市场不同的一面。比如：基本面分析（内在价值理论）；技术面分析；市场循环理论；神秘主义流派；量化投资理论；行为金融学等。面对这么多理念，我们如何进行选择？

在我看来，投资在某种程度上既不完全是一门科学，也不完全是一门艺术，而是一种信仰。为什么这么说？因为世界非常的复杂，在浩瀚的宇宙中我们非常的渺小，或许连匆匆过客都算不上。在市场里的个人投资者，从个人角度看非常微不足道，但是在现实生活中，我们每个人在内心深处都隐隐然把自己看作“上帝”，很难给自己一个相对合理的定位，这样肯定会出很多问题。

现在有各种各样的理论来理解市场、解读市场。基本面分析、技术面分析、量化分析、行为金融学等，这些理论被创建出来的目的只有一个，就是尽可能合理地解释市场，从而战胜市场。市场如此复杂，每一种理论在我看来都是盲人摸象，没有一种理论能够完整解释市场。基本面分析好吗？好；能赚钱吗？能。但这也不过是市场走势和基本面信息阶段性相匹配的结果而已。就像 2016 年铁矿石、螺纹钢的暴涨，让很多基本面分析者狼狈不堪，为什么？因为基本面并不支持它们暴涨。当然，技术面分析也有缺陷。所以，我想各种理论都只能局部解释市场、理解市场。我们永远不可能找到一个综合性的理论去完美解释市场。

没有人同时有多个信仰

先介绍一下“布里丹毛驴效应”，该效应说的是布里丹教授把草放在驴子的旁边，一左一右，驴子饿了想去吃草，发现两边的草在颜色和距离方面完全一样，拿不定主意该吃哪边的草，因为无论选择哪边的草都是错误的，最后它居然眼睁睁看着这两堆草而被饿死。该效应是指因决策者在决策过程中迟迟下不了决心，导致心理上出现了犹豫不决、迟疑不定的状态。之所以举这个例子，是想说明如果投资者希望完美地去理解市场，必然会导致悖论。

任何一种理论，在接受它优点的同时也要接受它的缺点，从这个角度看，投资理念不能朝三暮四，要选择适合自己的哲学理念，并且一旦选定了投资理念就要相信它，接受它带给你的好处，忍受它的不完美。投资是一种信仰，一个人完全不可能同时有多个信仰，否则世界会有多么混乱。投资市场存在的一个很大问题是投资者对市场的理解出现了混乱，根本原因是市场中存在各种信仰，并且每一种都试图完美地去理解市场、解释市场，这是一种贪婪心理在作怪，是一种投资认识上的误区。

延伸阅读

对于进入资本市场的投资者来说，赚钱才是主要的，其余一切都是围绕着这个目标来提供服务的。哲学？貌似离赚钱有些远吧？但是，请静下心来思考一下，是什么原因导致了大多数投资者是资本市场上的失败者呢？是什么原因导致了投资者无法做到稳定获利呢？投资者的每一笔交易，在当时看来，采取的都是自认为最合理的决策，但是，这些当时自己认为最合理的决策为何没有带来最合理的利润？到底哪里出错了？

这些问题，或许有些人思考过，或许有些人还没有意识到。思考过的人估计答案各种各样，但青泽老师高屋建瓴，从精神世界的领域进行探索，并给出了自己的答案——市场交易这场战争的背后是投机者之间世界观、价值观的博弈。不同的世界观和价值观使人们对同一种事物的看法不同，当然依此做出的行为就不同。当世界观和价值观与当时的市场契合时，就会获得回报——盈利；反之，就会出现亏损。

所以，投资者需要开阔自己的眼界，形成自己的世界观和价值观，提高自己明辨是非的能力。或者，也可以这样理解——努力建立自己的交易系统，以此来指导自己的交易：对了，继续复制；错了，改进。

第五章

投资者该向私募基金经理学什么

王 刚

亏损是自己要的——风控解决
利润是市场给的——行情产生
最大的盈利，不是暴利，而是稳定盈利——复利

大多数投资者稳定亏损的5种模式

核心观点

断崖跳空式亏损

钝刀割肉式亏损

光赔不赚式亏损

赔钱抵抗式亏损

小赚大赔式亏损

大多数投资者的亏损有一定规律可循，经过与投资者的交流和事后的总结，我列举了5种较为典型的亏损模式，希望能让投资者有所警醒。

断崖跳空式亏损

阅读提示

向下跳空，亏损迅速

如图5－1所示，这是断崖跳空式的亏损模式。资金曲线表现为向下跳空的走势，中间虽有小反弹，但过后继续向下跳空。在某段时间内，资金的亏损非常迅速，令人绝望。

图5-1　断崖跳空式的亏损模式

亏损原因总结如下：第一，逆势交易，重仓交易；第二，行情判断有误，在最高或最低点被套，死扛到底；第三，心态大乱，来回割肉；第四，短线重仓，经常被秒杀。

药方：如果哪位投资者的资金曲线是类似表现的，我只给一个建议——立即停止交易。

钝刀割肉式亏损

阅读提示

慢悠悠亏损

如图5-2所示，这是钝刀割肉式的亏损模式。与断崖跳空式亏损相比，这种亏损模式是慢悠悠的，亏损速度在短期内并不明显，但从长期来看，资金曲线的走势是向下倾斜的，这叫什么呢？稳定赔钱！

图 5－2　钝刀割肉式的亏损模式

亏损原因总结如下：第一，谨小慎微，赔一点就跑，止损很快；第二，赚钱的单子不敢持有，见利润就跑；第三，没有自己赚钱的模式，跟着市场打游击。

药方：建立自己的交易策略，减少交易次数。

光赔不赚式亏损

阅读提示

入市就亏

如图 5－3 所示，这是光赔不赚式的亏损模式，入市就亏，没有赚钱的时候。这类投资者就是俗称的“反向指标”，他们的买卖决定与市场走势完全相反，一买就跌，一卖就涨。

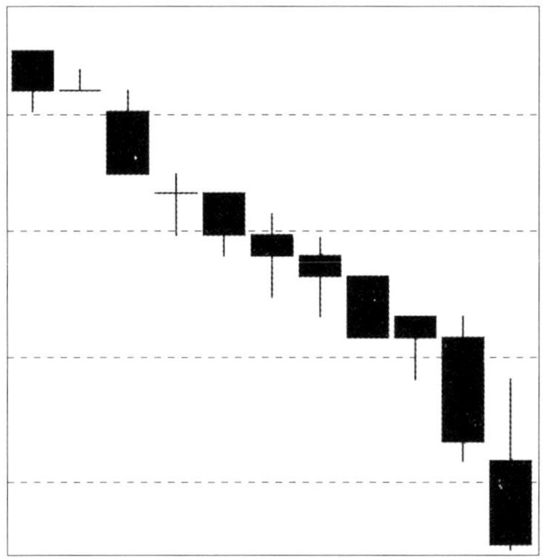

图 5－3　光赔不赚式的亏损模式

亏损原因总结如下：第一，从来都是赚钱不出赔钱出；第二，也曾赚过钱，但总是不满足，直至亏损后因恐惧而砍仓；第三，不懂止损，不设止盈位。

药方：设止损位，减小仓位，减少交易次数，或者干脆停止交易。

赔钱抵抗式亏损

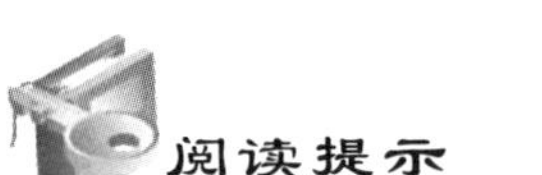

偶尔赚钱，总体仍亏损

如图 5－4 所示，这是赔钱抵抗式的亏损模式，投资者偶尔能赚钱，使资金曲线能往上反弹一下，但总体来说资金曲线还是往下走的。对于这类投资者来说，下一步应该把自己的交易模式建立起来，相信经过一段时间的磨合，资金曲线就能进入一个上升通道。像这种走势的资金曲线，我觉得离成功已经不远了。

图 5 -4　赔钱抵抗式的亏损模式

亏损原因总结如下：第一，交易手法不稳定，时赚时赔；第二，已经有一定的赚钱能力，但还不知道自己最终想要什么。

药方：建立自己的交易模式，明确自己的目标，确定好时间架构和交易手法，相信很快就能走出困境。

小赚大赔式亏损

阅读提示

一笔单子就把多次积累的利润全部亏掉

如图 5 -5 所示，这是小赚大赔式的亏损模式。投资者辛辛苦苦积累的利润，由于交易不慎，一笔单子就把它们全部亏掉。像这种走势的资金曲线，问题很明显，主要是在止损方面做得不够好，在盈利的持续性方面还有很大的欠缺，不敢持有盈利单，做不到让利润持续奔跑。

图 5－5　小赚大赔式的亏损模式

亏损原因总结如下：第一，日积月累，辛辛苦苦赚点钱，被一两笔亏损打光；第二，赚了钱跑得快，赔了钱就坚持到底，直至承受不住而砍仓；第三，心态搞坏，不敢交易。

药方：把止损位调整的小一点，赚钱的单子逐步抬高止盈位。

“去个人投资者化时代”，投资者的出路在哪里

核心观点

做专业化程度高的个人投资者

购买公募、私募、集合类理财产品等

离开市场或者挣扎在市场的边缘

经过 2015 年的大跌，有观点认为，中国的资本市场已经进入了一个新的时代。具体来看，从 2015 年 6 月 15 日到 2016 年 6 月 18 日，在一年多的时间里，上证指数从 5178 点跌到 2638 点，几乎跌

去了50%（见图5－6）。这次大跌使投资者的财富大幅缩水，众多账户被消灭，据统计，500万元资金规模的账户消失的数量在60万个以上，百万元账户消失的数量多达几百万个以上。我认为，这预示着中国进入了一个“去个人投资者化时代”。

图5－6　2014年12月—2016年6月上证指数走势

对于“去个人投资者化”，我认为可以这样理解：不是消灭个人投资者，而是引导个人投资者去投资公募基金、私募基金及集合类理财产品。如此一来，个人投资者未来的出路在哪里呢？

第一条出路，做专业化程度高的个人投资者。这就要求个人投资者一定要具备很高的交易技能和分析技能，力争成为一个专业化的个人投资者。在此基础上，个人投资者就会慢慢由个人过渡到一名私募基金操作者或者说是自己成立一家机构。2015—2016年，全国注册的私募基金数量接近3万家，这些私募基金是从哪里来的呢？既有原来的老私募，又有专业的个人投资者新发起设立的。

第二条出路，就是购买公募基金、私募基金、集合类理财产品等。

第三条出路，离开市场或者挣扎在市场的边缘。其实，只要能挣扎在资本市场的边缘，只要不被市场吞噬掉，经过不断学习提高，这些个人投资者最终或许又能成为一名专业化程度较高的投资者，这又回到第一条出路上去了。

以上内容就是我对个人投资者未来发展大方向的一个思考。青泽老师曾说过，在写《十年一梦》前，他是一个人独立徘徊在地狱和天堂之间，现在注册了投资公司，就成了大家一起徘徊在天堂和地狱之间。众人拾柴火焰高，大家一起扛着，那么投资之路或许会走得更长、更远。

私募基金经理的“力”，能不能吸引你

核心观点

人格魅力：沉稳、低调、有担当、懂分享和有绝佳的风险意识
盈利能力：盈利具有稳定性

截至2016年，我进入期货市场恰好已满20年。在这20年时间里，我接触过许许多多的个人投资者，也和国内近百名优秀的私募基金经理保持着密切联系。在与私募基金经理们接触的过程中，他们身上有两股力量深深地吸引了我：第一个，就是他们的人格魅力——沉稳、低调、有担当、懂分享和有绝佳的风险意识；第二个，就是他们出色的盈利能力，他们能做到持续而稳定的盈利。我一直认为，盈利能力不是表现在偶然获一笔大利上，而是表现在稳定获

利这方面上，不是说某人突然就成了一名优秀的私募基金经理，不是这样的，而是这么多年来他一直在这个市场中持续稳定获利，这是我认为的最值得信赖的盈利能力。

为什么要向私募而不是公募基金经理学习

核心观点

有高度的责任心和使命感，视账户如生命

有全面的分析、科学的决策及可执行的交易计划

有稳定的盈利模式，耐心等待并保持一致性交易

有严格的风控制度，时刻提防“黑天鹅”出现

有适应不同市况的交易策略，靠稳定取胜

为什么向私募基金经理而不是向公募基金经理学习呢？这是由盈利模式决定的，简单说就是私募基金经理为了生存，必须追求绝对收益。绝对收益是指什么呢，重要的话重复3遍就是：必须赚钱，必须赚钱，必须赚钱。私募基金经理必须赚钱，因为基金不赚钱他自己就没钱赚；而公募基金经理的生存压力就小得多，他们可以通过收取管理费来维持生存。所以说，投资者应该要向私募基金经理学习，学什么呢？那我们就先看看私募基金经理们有什么，我们没有什么，我们已有的自己去完善，没有的就向他们学习。那么私募基金经理们到底有什么呢？我做了一个粗略的总结，即“五有”。

有高度的责任心和使命感，视账户如生命

阅读提示

私募基金经理视账户如生命的6条举措

这一点对个人投资者来说，我认为绝大多数都不具备。我常年打交道的个人投资者和私募基金经理非常多，当我们聊起“账户亏损”这一个话题时，个人投资者的答案非常经典：“又亏了，不看了，套着吧。”但私募基金经理却会说：“这两天跌破‘1’（指基金净值）了，我要小心，在这段时间内我一定要把这个‘1’尽快地给补起来，净值要站在‘1’之上。”

为何私募基金经理着急尽快让净值站在“1”之上呢？这是因为资本市场中存在“破窗原理”：某栋楼有很多玻璃窗，如果破了一个却一直不修补，过了一段时间，你就会看到破第二个、破第三个，直到整栋楼的窗玻璃都被人打碎了。资金账户的结局我认为也是如此，当你的账户出现亏损时，你要采取措施尽快把这个亏损给补起来，不然亏损很有可能会变得越来越大。私募基金经理的职责就是守着玻璃窗不让人打破或者打破了就尽快把它补好。

私募基金经理视账户如生命的举措体现在哪里呢？我认为有以下6条：

第一条，先备好资金的“安全垫”，即先逐步积累利润，然后拿着利润去冒险。如图5－7所示，这是一只私募基金的资金曲线，该基金由赵九军经理操作。整体来看，该曲线逐步走强，但是在大涨

之前，有一段横向整理期。这段时间赵九军经理在干什么呢？准备“安全垫”！实际的做法就是：低仓位开仓。比如，1000 万元的本金只开仓 100 万元，或者开仓 10 万元。可能有人会怀疑，1000 万元仅开 10 万元的仓，开仓比例仅为 1%，为什么仓位开这么低，这能赚钱吗？其实，之所以开这么低的仓位，目的是为了保证这个账户本金的安全，在本金安全得到保证的情况下，才去逐步积累利润，当利润积累到一定程度时，就可以拿着这些利润去冒险了。

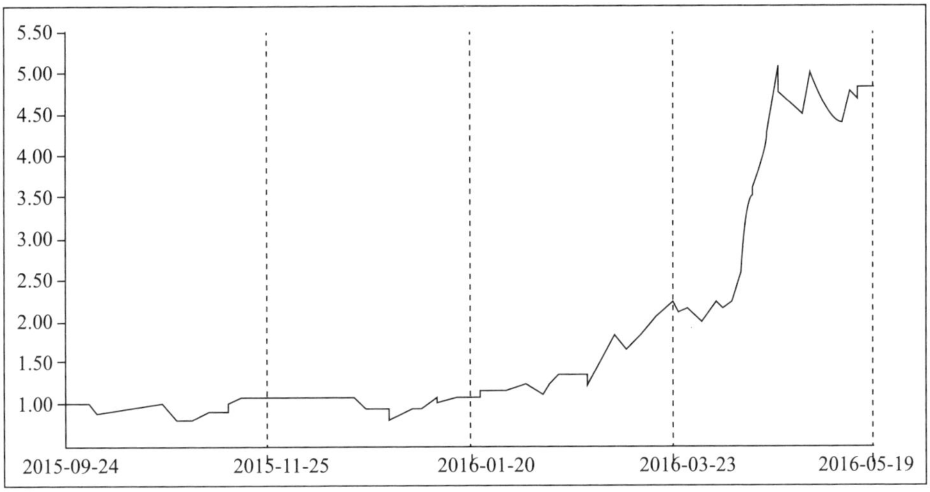

图 5－7　2015 年 9 月—2016 年 5 月某私募基金的资金曲线

如图 5－8 所示，这是“固利资产”的资金曲线走势，固利资产是王兵老师操作的一只私募基金，大家看准备这个“安全垫”耗费了多长时间，从 2015 年 1 月到 2016 年 1 月，基本上耗费了 1 年的时间，之后资金增长了近 120%。

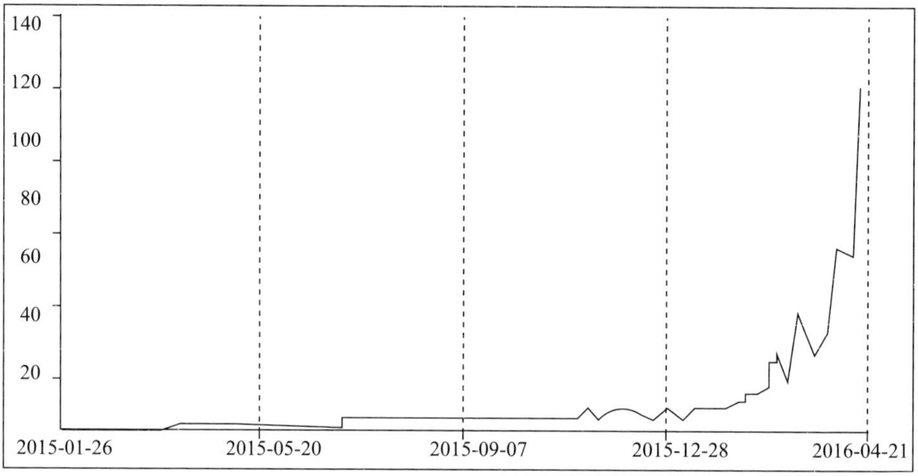

图 5 -8　2015 年 1 月—2016 年 4 月固利资产的资金曲线

准备“安全垫”实质上是等待适合自己操作模式的走势出现，之前需要不断试盘，使账户小盈或小亏，一旦赚大钱的机会来临，资金曲线将冲天而起，这就做到了“截断亏损，让利润奔跑”。

第二条，有利润之后再逐步加仓，保持资金曲线的稳定增长。

第三条，严格的风控，就是说要严格遵守交易规则，时刻警惕账户净值不要触及清盘线。

第四条，碰到极端市场，先守住底线，再稳中求进。比如，2015 年股市大跌的时候，某只私募基金的资金净值几乎跌到了预警线，此时，操作这只私募基金的经理小心谨慎地把账户资金一点点往上做，唯恐净值跌至警戒线以下，最后到 2016 年上半年结束的时候，该基金有了较大盈利。大家知道，有时我们自己做亏了好像感觉无所谓，因为是自己的钱，但是如果拿投资者的钱去投资，就要非常谨慎。

第五条，为了控制资金规模，主动拒绝新资金加入。主动拒绝新的资金加入是指，你不要以为随时拿着钱去找私募基金经理他就会马上收下，这不一定，为什么呢？因为基金经理有自己的操作策略，当他觉得现在能操作的资金规模已经达到自己所能控制的上限时，就暂时不需要新资金了，只有有了新的策略，才开始接纳新的资金。

第六条，为了挽救基金账户，私募基金经理会拿个人资金去补仓。2016 年，我们看到一些私募大佬拿着自己的钱去补公司旗下基金的仓位，这实质上是拿着个人的钱去提高基金的净值，以免账户触及清仓线而被清仓。

上述 6 条举措充分说明了私募基金经理们具有高度的责任心和使命感。

有全面的分析、科学的决策及可执行的交易计划

阅读提示

分析与决策

先做计划后下单，避免情绪化交易

分析与决策

分析与决策需要做什么工作呢？就是分析与决策自己的交易计划。在进行交易之前，不要仅凭基本面做交易，也不能仅凭技术面做交易，而应该把基本面和技术面结合起来看。某些大型私募基金会设立决策委员会，该委员会的作用是：根据基本面、技术面对预投资的品种进行全面分析，以便做出战略性的投资规划。资金大、掉头慢，是中、大型私募基金的弱点。当持仓品种的走势偏离规划预期时，就对基金的仓位进行调整；当持仓品种的走势符合规划预期时，就继续执行原有投资方案。一般说来，基金会先建立一个品

种池，然后由决策委员会来决定哪些品种是目前可做的，哪些品种是仅用来观望的，预先做好一个分配方案，分配方案做完后再集中关注可操作的品种，并从中挑选最合适的品种进行建仓。

对于可操作的品种，如果计划开仓 1000 手，开仓手数可以进行如下规划：

第一，如果满足基本面和技术面共振的条件，那么你就开 1000 手好了，即 100% 仓位，开仓系数为 1。所谓的共振，就是基本面看多（空），技术面也看多（空）。

第二，如果技术面支持且基本面不反对，此时可以开 800 手，即 80% 仓位，开仓系数为 0.8。

第三，如果基本面支持且技术面不反对，只能开 400 手，即 40% 仓位，开仓系数为 0.4。

第四，如果基本面与技术面有异议，就开 400 手，即 40% 仓位，开仓系数为 0.4。

上述做法就保证了决策的理智性。具体情况见图 5－9。

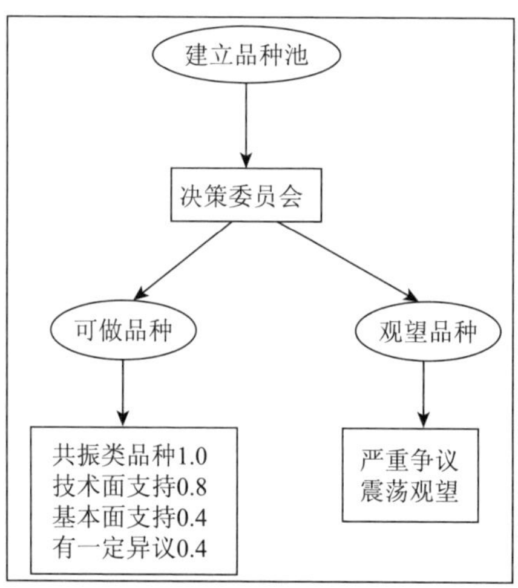

图 5－9　交易计划开仓系数

先做交易计划后下单，避免情绪化交易

在制订交易计划时，力求做到：一切都在预料之中。无论市场发生什么状况，或往什么方向运行（上涨、下跌或横盘），是放量还是缩量，等等，这一切都要考虑到。对此，根据自己的经验，我总结了几句口诀，特分享如下：

涨、跌、横盘，怎么办？

长、中、短线，怎么看？

加、减、持仓，怎么动？

买、卖、信号，在哪里？

只有把这些情况都考虑到了，并事先做出详细的交易计划，当意外发生时，才能从容应对，取得良好收益。

在这里分享一下我自己的操盘计划“三字经”：细、快、严，即制订计划要细、执行计划要快、管理计划要严。

在具体的交易过程中，往往有很多的投资者会临时改变交易计划，这种行为叫什么呢？叶公好龙。比如，在一个上涨趋势里，某品种在某时间段内涨得非常好，此时有些投资者就会盼着其价格能回调一下，他们的想法是，回调一下就做多。但是，当该品种的价格真的回调后，或许仅仅回调了 2 ~3 天，这些投资者就会改变当初回调就做多的想法，并且往往在价格跌到适合买进的位置时反而变成空头了。

在 2016 年端午节放假之前，有很多朋友给我打电话，问敢不敢做空豆粕 1609 合约，我说该合约最好别放空，否则随时准备着被爆仓。我为什么这么说呢？如图 5 – 10 所示，豆粕 1609 合约表现出的是上行趋势，主流资金的操作手法是一日洗盘法和三五日洗盘法，等价格回落下来的时候，还是应该做多。单边市场，就应该顺势而

为。顺势交易时，投资决策的正确率是 75%；逆势交易时，投资决策的正确率只有百分之几。顺势交易说起来容易做起来难，但是大家可以时时提醒自己：市场一次冲高难成顶，一次下跌难成底。

图 5-10　2016 年 2—7 月豆粕 1609 合约走势

有稳定的盈利模式，耐心等待并保持一致性交易

阅读提示

盈利模式的 6 项内容和 5 个步骤

有耐心，耐心等待机会的来临

所有能长期获利的交易者，都有自己稳定的盈利模式。稳定的盈利模式可能感觉比较抽象，那我举一个简单的例子，我们开车往高速公路上跑，见到收费站，你要主动掏钱才能上高速路，稳定的盈利模式的概念与收费站类似。所以，我们构建盈利模式，是要建

什么呢？就是建一个自己的“收费站”，一旦把自己的“收费站”建起来，你都不用特意去想赚钱还是赔钱，总会有人走你这条路，只要有人走你这条路他就要交钱。

市场会给你提供建立“收费站”机会的，如图11所示，这是股指期货（IF当月连）日线的下跌走势。通过仔细观察股指期货日线的走势，会发现每次下跌后都会迎来反弹，而每次反弹走势的结束都有固定的模式，这是一种什么模式呢？就是“破颈线下跌”，指的是一旦跌破反弹走势建立的颈线，市场大概率就会迎来一波急跌走势。在图5－11中，这种模式出现了7次。当这种模式第一次出现时，可能是偶然；第二次出现时，就需要提高警惕了；第三次出现时，就需要试着放空。一旦走势符合预期，说明“收费站”已经建立起来了，后市的交易策略就是不断模仿前期的做法。这种盈利模式，我给它起了一个名字，叫“京沪高速收费站”，因为从北京跑上海的这条高速公路，挣钱是最快的。

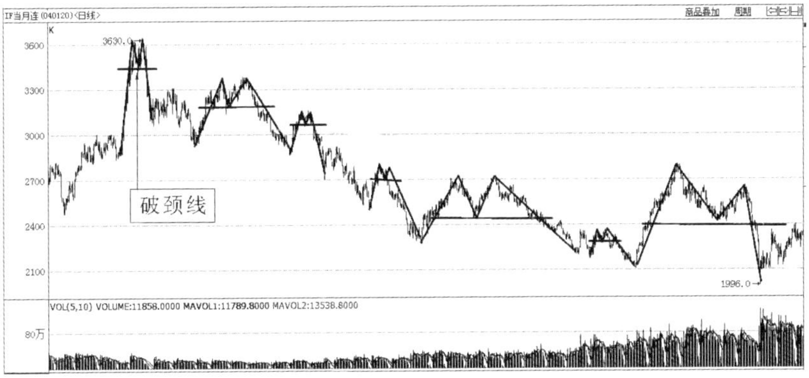

图5－11　股指期货（IF当月连）日线的下跌走势

固定一种盈利模式，只要你坚持做下去，大概率会赚钱的。利润是什么？是对一致性交易的奖励！我有一位朋友，2016年上半年黑色类的这波行情，盈利 45%，虽然看上去获利不多，但是利润的增长非常稳健。他是怎么做的呢？只看 30 分钟走势图中的 60 均线：价格在 60 均线之上，只做多；跌破 60 均线的时候，只做空。就是这么简单，一种策略，严格执行。

盈利模式的 6 项内容和 5 个步骤

上文简单讲述了盈利模式，但是它有哪些具体内容呢？在我看来，一个盈利模式共有 6 项内容和 5 个步骤。

6 项内容：确立趋势，入场条件，风控与止损，加（减）仓，目标位分析，出场条件。

5 个步骤：模拟，优化，实战检验，跟踪分析并调整，评估。

上述内容是我经过无数次的测试总结出来的，可以概括成一个简单的盈利模式：三步判断顶和底，8 个卖点和 5 个买点。当然，这是一个抽象的盈利模式。如图 5－12 所示，在下跌走势中形成了 8 个卖点，在上涨走势中形成了 5 个买点。大体说来就是：在下跌过程中，向下跌破了颈线就空进去，反弹放空、破位加空，反弹放空、破位加空……在上涨势过程中，向上突破了颈线之后就做多，突破做多、回调加多，突破做多、回调加多……

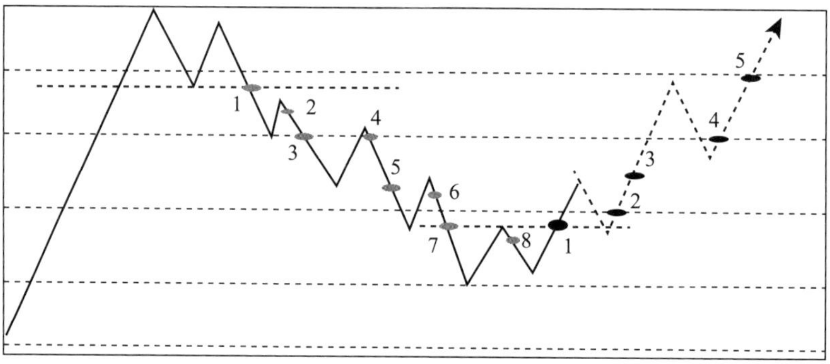

图 5－12　三步判断顶和底，8 个卖点和 5 个买点

大家可以把这个抽象的模式应用在实战中，这就是理论指导实践。如图 5 - 13 所示，看看螺纹钢的上涨和下跌走势是不是跟图 12 很像，两者是不是一个模式。当然，投资者可以照搬这种思路或者自行加以创新。

图 5 - 13　螺纹钢 1610 合约 30 分钟 K 线下跌走势

有耐心，耐心等待机会的来临

我一直认为：耐心来自于信心、策略和技术，焦虑源于心中无底，坦然是因为能掌控一切。因此，有了盈利模式之后，还要耐心等待交易机会的来临。

盈利模式的有无决定了投资者能否敢于耐心的等待：没有自己的盈利模式，投资者就不知道该等什么，由于担心错过行情，只好时刻交易，赔钱的概率就会大增；有了盈利模式之后，投资者就可以从容看盘，当交易条件不满足时，就可以喝茶、聊天、放松一下（见图 5 - 14），只有当符合盈利模式的走势出现时，自己才会出手（见图 5 - 15）。

图 5-14　需要等待的走势

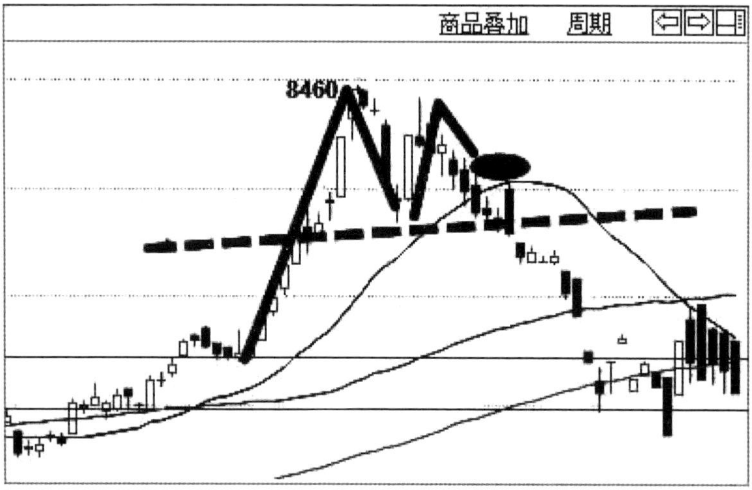

图 5-15　可以交易的走势

好的心态来自好的分析，有了固定的盈利模式，心态自然就会变好。我的一位朋友一直跟踪美原油期货的走势，但始终没有买进。他和我沟通比较密切，在美原油价格破了30美元的时候，他问我这个位置是不是该考虑买了，我问为什么，他说快触发他的交易策略了。

他的交易策略可以简单概括为：第一，管道；第二，跳空。如图5－16所示，他在价格向上突破30美元时买入，因为美原油的走势触发了他的两个买入条件：第一，管道线被向上突破；第二，出现跳空走势。就是这么简单的两个策略，让他敢于在多数投资者还在犹豫和观望时入场。在合适的时机出手，意味着盈利有了保障。那么他是在什么价位平仓的呢？50美元。我曾劝他别太贪了，别挂50美元，稍微给人家留一点余地，挂49.5美元就行，他却很自信地说："我看能到50美元以上。"后来，当美原油向上突破50美元时，他按照原计划顺利平仓。平完仓后跟我说行情他做完了，之后他在干什么呢？在等待，在耐心等待下一次类似走势的来临。

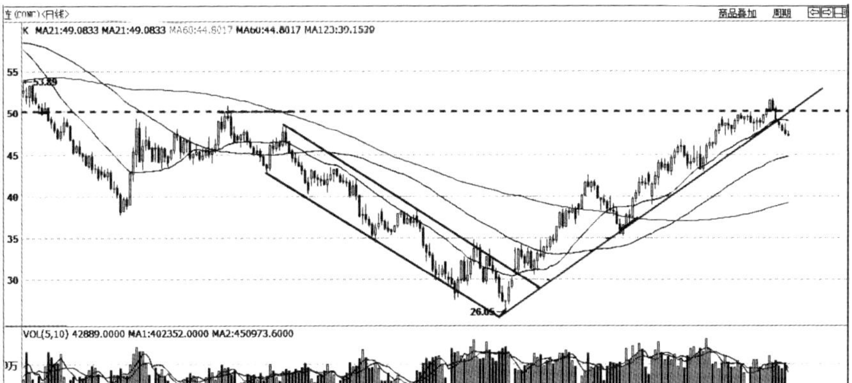

图5－16　美原油期货合约出现的管道突破和跳空走势

有严格的风控制度，时刻提防“黑天鹅”出现

阅读提示

投资者亏损的重要原因是缺乏买卖规则和风控规则

在我看来，投资者亏损的重要原因是缺乏规则：第一，买卖规则；第二，风控规则。特别是风控规则，关系到投资者资金账户的生死存亡。

针对交易中可能出现的“黑天鹅”，私募基金一般都会有较为充分的准备（程序化交易的，在程序中体现），但普通投资者通常在这方面准备不足，这就导致股灾发生后，投资者的平均亏损幅度远高于私募基金。

所以说，投资者一定要时刻警惕“黑天鹅”的出现，只有这样，在做交易的时候你才会谨慎小心。不要让辛辛苦苦积攒了多年的钱被一只“黑天鹅”瞬间抹掉。

关于风控的问题，投资者可以通过自问下面几个问题来寻求答案：

第一，关注流动性大小，低成交量的品种你做过吗？

第二，防范“黑天鹅”风险，你重仓、满仓过吗？

第三，防范系统性风险，你得意忘形过吗？

第四，轧差为 0 的交易你做过吗？

第五，5000 万元资金，只开 5 手螺纹钢，你会笑他吗？

第六，空仓的时间超过一周，你有过吗？

第七，资金占用从来没超过 30%，你能管住自己吗？

第八，通过各项制度、策略来约束自己，你有吗？

第九，单笔1‰的止损比例，你能做得到吗？

关于风险控制，私募基金是怎么做的呢？可能大部分投资者觉得，账户出现5%～10%的亏损是可以承受的，但是对于私募基金来说，单策略、单品种、单笔的止损比例要低于总资金的1‰（注意是1‰不是1%），这就说是每笔投资的亏损额是极小的，大家可以看到对风险的把控已经达到了何种程度。通过严格的风险控制也可看出私募基金经理们的“工匠精神”。很多人都说金融行业的从业人员没有工匠精神，但我却认为有，那么这种工匠精神体现在何处呢？就是这个1‰的止损比例。这个极低的止损比例体现了私募基金经理们对本金保护的重视程度。

有适应不同市况的交易策略，靠稳定取胜

阅读提示

大资金借助多策略组合的方式来生存

以“封官”方式来解决策略间的分歧

投资者可以靠某单一模式盈利，也就是“一招鲜，吃遍天”；由于资金规模较大，私募基金经理们通常要借助多策略的组合方式来生存。我研究过很多的私募基金，但凡业绩突出的，基本具有“三多一少”的特点，也就是“多时间架构、多交易策略、多买卖品种，少人为干预”。

就像在不同路况上开车，比如高速公路和盘山公路，你不能用一种策略来行驶，遇到盘山公路，你肯定不能挂五挡。所以，在不

同情况下就应该采用不同的投资策略。

私募基金经理们可以采用的策略有很多，比如量化策略、对冲策略、套利策略、趋势策略、均线策略、颈线策略、突破策略、回调策略、共振策略、背离策略、短线策略、波段策略、品种选择策略、管道策略、抓涨（跌）停板策略、进攻与防守策略……

但是，策略多了之后会出现一种情况，这是很关键的，就是策略之间有分歧，会“打架”。比如，均线策略和短线策略可能会打架，突破策略和管道策略会打架，等等。策略之间“打架”的时候你应该怎么处理呢？我给大家提供一个思路：就是当你的投资策略建立起来之后，你把它按照层级“封官”。所谓“封官”，就是在交易过程中，按照“军、师、旅、团、营、连、排”的顺序把已经运用的各个策略排列好，谁是老大谁是老二，你要一清二楚。该工作做好后，当两个策略“打架”的时候你听谁的呢？谁让你去干的你就听谁的，也就是说，是排长安排给你的工作那就听排长的，其他人的意见仅供参考。对于做交易来说，自己是根据哪个策略入场的，你就根据哪个策略出场。

以上内容就是私募基金经理的“五有”，希望对投资者能有所启发，感兴趣的投资者也可以对照着学习一下。

延伸阅读

同样是基金经理，私募和公募的区别在哪里？本文很好地回答了这个问题，即私募基金经理具有“五有”特点。但是，弄清楚这个问题对普通投资者有何意义？目的是建议投资者向生存能力更强者学习！

毋庸置疑，私募基金经理的生存压力更大，生存环境更恶劣，但是压力大锻炼机会就多，大浪淘沙，能在市场中存活下来的私募基金经理的投资经验就更值得我们学习。

向私募基金经理学习，不光是学习他们来自实战的技巧，更应该学习他们对投资体系的构建思路。投资就像一部精密的“机器”，从选择品种到入场时机把握，再到风险控制，缺失了任何一环，这部“机器”的运转都不会太顺畅。

技术面分析和基本面分析非常重要，因为它们让投资者更能贴近市场，从这个角度看，技术面分析和基本面分析运用得越好，投资者其实越容易摆脱市场的诱惑，越容易排除市场的干扰。所以，只有构建起投资的整体框架，投资者才不会轻易迷失在市场中。